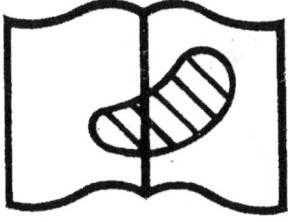

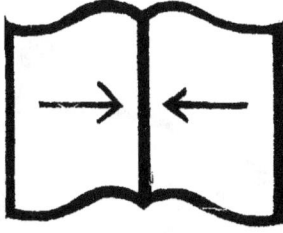

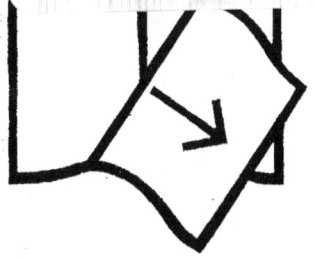

Début d'une série de documents
en couleur

Louis GUIBERT

INSTRUCTION PRIMAIRE

EN LIMOUSIN

SOUS L'ANCIEN RÉGIME

LIMOGES

IMPRIMERIE-LIBRAIRIE Vve H. DUCOURTIEUX

7, RUE DES ARÈNES, 7

1888

Fin d'une série de documents
en couleur

Louis GUIBERT

L'INSTRUCTION PRIMAIRE

EN LIMOUSIN

SOUS L'ANCIEN RÉGIME

fleuron / armoiries de Limoges

LIMOGES

IMPRIMERIE-LIBRAIRIE Vᵒ H. DUCOURTIEUX

7, RUE DES ARÈNES, 7

1888

L'INSTRUCTION PRIMAIRE EN LIMOUSIN

sous l'ancien régime.

L'antiquité s'est peu préoccupée de l'instruction du peuple.
Elle avait sur ce point l'opinion que devait professer plus
tard Voltaire, et il ne pouvait en être autrement. Où auraient-
elles puisé de telles pensées, comment auraient-elles connu
de semblables sollicitudes, ces sociétés qui refusaient d'admettre l'égalité humaine, même devant le Dieu créateur ou
le Dieu juge, et qui parquaient leurs membres entre les
barrières infranchissables des castes, — ces républiques com-
posées d'une aristocratie guerrière vivant du travail de ses
esclaves?... Il fallut l'avènement du christianisme pour convaincre les hommes qu'ils sont frères et que leurs œuvres
seules les distinguent sous le regard de Dieu.

Tous les grands esprits du Moyen Age ont manifesté le
souci de l'éducation morale et intellectuelle du peuple. Un
des Conciles de Latran déclare qu'on ne saurait, sans injus-
tice, priver le pauvre du bienfait de l'instruction.— L'Eglise fit
beaucoup pour réaliser le précepte implicitement contenu
dans cette parole, et quand parut irrémédiable la décadence
des monastères qui avaient si longtemps donné un asile aux
études, elle suscita des congrégations nouvelles vouées à l'enseignement populaire. Ce sera l'honneur du xixe siècle d'avoir
continué et développé l'œuvre de ces vaillantes corporations.
On lui reprochera avec raison de s'être égaré sur bien des
points, d'avoir cru que la culture intellectuelle peut suppléer au
défaut de la culture morale, que le brevet suffit à faire le maître
et que la science est destinée à combattre, à éliminer peu à
peu et finalement à remplacer la religion... Mais ces réserves
faites, la postérité rendra hommage au grand effort accompli
par notre temps pour assurer à tous l'instruction élémentaire.

L'histoire de l'instruction en France est encore à écrire :
Il s'en faut que ses éléments, dispersés un peu partout, soient
tous connus et produits à la lumière. Pour se mettre en
mesure de traiter ce sujet comme il mérite de l'être, il y a
beaucoup à chercher encore et beaucoup à trouver. Des
monographies substantielles et intéressantes ont cependant
été publiées pour plusieurs provinces. Les écoles de l'Auver-

gne, notamment, ont été l'objet d'une excellente notice due à M. Elie Jaloustre et que tout le monde lira avec fruit (1).

Le Limousin n'a vu éclore aucun travail de ce genre, et on chercherait en vain, dans notre petite bibliothèque provinciale, quelques documents et quelques considérations précises sur l'état rétrospectif de l'instruction, en dehors de la précieuse introduction placée par M. Alfred Leroux, archiviste de la Haute-Vienne, en tête de l'Inventaire du fonds du collège de Limoges, et de notre article du *Dictionnaire de Pédagogie*, publié par la maison Hachette, sous la direction de M. F. Buisson, inspecteur général de l'Université.

Nous nous proposons ici de reprendre ce travail, d'y ajouter les renseignements que nous avons pu recueillir ces dernières années, et de réunir dans notre notice toutes les indications relevées jusqu'à ce jour touchant l'état de l'instruction et tout spécialement de l'instruction primaire dans l'ancien diocèse de Limoges.

Un tableau dressé par le ministère de l'Instruction publique et imprimé au commencement de l'année 1866, présentait la liste des départements français dans l'ordre que leur assignait le degré d'instruction de leurs habitants respectifs. On trouvait la Creuse au nº 68; la Corrèze au nº 87. La Haute-Vienne figurait à l'avant-dernière place. L'Ariège seul comptait un nombre moindre de jeunes gens sachant lire et écrire.

Cet affligeant état de choses s'est heureusement modifié; mais si la Haute-Vienne occupe aujourd'hui un rang moins inavouable dans les statistiques officielles, il s'en faut encore de beaucoup qu'on puisse la citer au nombre des départements où l'instruction a atteint un niveau satisfaisant.

A vrai dire, notre province paraît avoir été rangée de tout temps, non sans quelque raison, parmi les contrées les plus arriérées à divers points de vue. Les populations du Limousin passaient pour pousser à l'excès la simplicité des mœurs, le mépris des recherches du luxe, les naïves crédulités de la dévotion. On la représente souvent comme grossière, ignorante et superstitieuse. Les écrivains et les voyageurs exagèrent sans doute leurs peintures; mais celles-ci ont évidemment un fonds de vérité.

(1) *Mémoires de l'Académie des Sciences, Belles-Lettres et Arts de Clermont-Ferrand*, tome XXIII (année 1881), pages 35 et suivantes.

Les appréciations qu'on rencontre à ce sujet dans les ouvrages du xvi" et du xviie siècles, et dans les documents de cette époque, dans les rapports des intendants entr'autres, ne sont pas toujours inspirées par un sentiment de dédain ou de malveillance : même alors que le témoin est désintéressé ou bien disposé, pourtant, les portraits sont peu flatteurs. Au Moyen Âge, l'état d'ignorance et de quasi barbarie de nos populations est souvent caractérisé en termes plus énergiques, parfois d'une façon brutale. — « En Aquitaine, s'écrie, en 1029, Benoît, prieur de Cluse, il n'y a aucune science. Tout le monde est grossier (1). » Et au siècle suivant, Pierre, abbé de Cluny, qualifie, dans une de ses lettres, les habitants de nos contrées de bêtes sauvages et leur langage de féroce rugissement (2). La lecture de la plupart de nos vies de Saints établit que la religion chrétienne pénétra lentement, péniblement dans les cantons reculés, et que longtemps un grand nombre de croyances et d'habitudes païennes subsistèrent. Une leçon de l'office de saint Israël constate qu'à la fin du xe siècle, les populations de la Basse-Marche étaient fort ignorantes, même des vérités de la religion, et peu adonnées aux pratiques pieuses (3).

Rien ne nous autorise à penser que la bourgade des Lemovices, devenue la ville d'Augustoritum et dotée des édifices publics que comportait son rang de capitale de second ordre, de chef-lieu de cité, ait eu ses écoles célèbres et ses rhéteurs renommés, comme Bourges, Poitiers, Clermont et Bordeaux. Un texte épigraphique nous fournit le premier document pouvant avoir trait à l'histoire de l'instruction dans notre contrée. Le musée de Limoges possède le monument funéraire d'un maître de grammaire et de morale de la période gallo-romaine, le Biturige Blæsianus (4). Cet « amant des Muses » comme l'appelle son épitaphe, paraît avoir vécu au second siècle de notre ère ; mais a t-il enseigné à Limoges, — ou, professeur à Bourges ou à Bordeaux, est-il mort

---

(1) *In Aquitania nulla sapiencia est; omnes sunt rustici* (Historiens de France, t. X, p. 507, 5 8).
(2) Lettres de Pierre le Vénérable, liv. VI, lettre 12).
(3) *Plebs tunc maxime rudis et inculta nec satis religioni ac pietati dedita* (Mgr Rougerie, Vies de saint Israël et de saint Théobald, p. 55).
(4) *Artis grammatices doctor morumque magister*
Blæsianus Biturix, Musarum semper amator,
Hic jacet, æterno devinctus membra sopore.
Voir sur cette inscription, Florian VALLENTIN : le *Musée épigraphique de Limoges*, p. 13.

dans notre ville soit au cours d'un voyage, soit pendant un séjour accidentel? Voilà une question à laquelle personne ne peut répondre.

Après la chute de l'Empire romain, que resta-t-il de son organisation, de sa civilisation dans nos villes? Quelque chose à coup sûr; mais quel document, quel historien pourra nous apprendre ce qu'était Limoges au temps de Clovis et au temps de Charlemagne? Qui nous dira le sort des écoles qu'avait vu s'établir Augustoritum à l'époque de sa plus grande prospérité? Ruinées sans doute, elles attendirent pour se relever les temps relativement plus calmes où se réorganisèrent les corporations locales avec des attributions nouvelles et des droits nouveaux. — Jusque-là, nos villes demeurent privées d'établissements spéciaux d'enseignement. La province possède sans doute des écoles, et des écoles d'une certaine importance; mais ce ne sont que des annexes d'institutions ayant surtout un caractère religieux. L'Eglise, qui, depuis la chute de l'Empire Romain, a pris la direction du mouvement intellectuel et moral et qui reconstruit peu à peu, à l'ombre du pouvoir tutélaire des rois barbares, une société nouvelle avec tous ses organes, s'est donné la tâche de former à la science et aux lettres les prochaines générations. C'est à l'ombre des cathédrales, c'est surtout au fond des monastères, dans le silence et le recueillement des cloîtres qu'elle convoque la jeunesse pour l'instruire. L'école épiscopale, à la fois petite école, collège et séminaire, apparaît, semble-t-il, la première, et l'évêque recueille directement l'héritage des dernières écoles de la période gallo-romaine; peut-être, dans quelques villes, les reçoit-il sous son patronage et n'a-t-il qu'à les transformer.

Un peu confus d'abord, l'enseignement comprenait : « la grammaire, la dialectique, la rhétorique, la géométrie, l'astrologie, l'arithmétique, le chant et par occasion la poétique.» (1). On s'appliquait ensuite à expliquer les écritures et à lire les Pères et les autres auteurs. Parfois on paraît avoir cultivé le grec et même l'hébreu.

Humbles à leur origine, les écoles épiscopales prirent peu à peu de l'accroissement et s'organisèrent en se conformant aux prescriptions des conciles tenus sur divers points de la Gaule et des règlements édictés par eux, par ceux entr'autres d'Arles (524) et de Vaison (529). Mais elles ne purent se maintenir

_____

(1) Histoire littéraire de la France, t. III, p. 22 et 23

partout. A plusieurs reprises, en 788 et 789 notamment,
Charlemagne, s'inspirant des canons des conciles, ordonna
que dans les cathédrales et dans les monastères il y eût des
écoles où fussent enseignées les Belles-Lettres avec les
Saintes Écritures (1).

C'est dans les dernières années du xᵉ siècle seulement que
nous trouvons une mention de l'école épiscopale de Limoges.
L'hagiographe nous apprend que l'évêque Hilduin, intronisé
sur le siège de Saint-Martial vers 992, s'associa pour la diriger (2) — l'expression est à noter : on sait qu'au début les
évêques avaient eux-mêmes enseigné — un clerc, à la fois
pieux et lettré, auteur de plusieurs ouvrages très savants,
et à qui on devait des cantiques en idiome populaire où tous
les grands faits de l'Ancien et du Nouveau Testament se
trouvaient résumés, depuis la création du monde jusqu'à
l'ascension de Jésus-Christ (3). Il s'agit de saint Israël, qui
devint plus tard grand chantre du chapitre du Dorat, mais qui
n'était pas encore prêtre à cette époque.

L'évêque était assisté d'une communauté de clercs qui vi-
vaient auprès de lui, dans ce cloître de la cathédrale, souvent
mentionné du viiiᵉ au xiiiᵉ siècle, et dont les terrains de l'Évê-
quaud marquent l'emplacement. Cette communauté fut l'origine du chapitre de Saint-Etienne, sur lequel le prélat se
reposa de bonne heure du soin d'instruire les enfants et les
jeunes clercs. L'école épiscopale devint ainsi l'école capitulaire, et avec la charge de pourvoir à l'enseignement, les
chanoines reçurent des dotations spéciales. Le Chapitre
cathédral de Limoges ne posséda pas moins de trois offices
ou prébendes affectés à ce service : la « Cure des Écoles », dont
l'abbé Nadaud a trouvé la mention vers 1104, et qui fut
supprimée dans la suite (vraisemblablement réunie à une
des suivantes), et deux prébendes préceptorales, dont l'une fut
supprimée au profit de la psallette, en 1459, et l'autre unie
au collège en 1561 (4).

(1) *Capitularia Regum Francorum.* éd. de BALUZE, Paris, Muguet, 1677,
tome I, p. 202. — *Psalmos, notas, cantus, compotum, grammaticam per sin-
gula monasteria, vel episcopia, discant.* — *Ibid.* p. 237.
(2) *Cujus audita et cognita sapientia, Aldoinus... Israelem doctissimum
per se suosque commonuit, sibique magistrum associavit.* LABBE, *Rerum
Aquitanarum Scriptores,* t. II, p 567.
(3) *Elucubrationes oleum redolentes valde utiles edidit, quænam scilicet pia
cantica ab origine mundi usque ad ascensum Christi in cœlum deducta, ut
plebs.. mysteria fidei, cantus suavitate allecta, lubentius ac facilius audiret et
retineret* (Office de saint Israël, cité par Mgr Rougerie, Vie de saint Israël,
p. 55).
(4) NADAUD : *Pouillé rayé,* p. 30.

Le chapitre de Saint-Étienne compta, aux xe et xie siècles, des membres fort instruits : c'était l'archidiacre Gauzbert, « le grammairien » ; les chanoines Albéric et Raynaud, qui nous sont représentés comme très versés dans la connaissance de la philosophie ; enfin Humbert, qui alla diriger l'école de Meulan (1).

Peu de temps avant la première Croisade, le biographe de saint Geoffroi du Chalard rapporte que celui-ci, non encore admis au sacerdoce, se consacrait à l'instruction des enfants dans les écoles de Limoges. S'agit-il ici de celles de l'évêque et du chapitre? C'est possible. Nous reviendrons un peu plus bas sur ce texte.

Aux xve et xvie siècles, l'école capitulaire de Saint-Etienne ne paraît pas être un foyer de science bien actif. Cependant il n'y a pas de séminaire dans le diocèse et il est vraisemblable que l'instruction est encore donnée, à l'ombre de la cathédrale, aux enfants et aux jeunes clercs. L'union de la prébende préceptorale au collège, qui va être bientôt confié aux Jésuites, laisse subsister seulement la maîtrise de la psallette. A partir de cette époque, la nécessité d'un séminaire d'Ordinands se fait sentir et s'impose de plus en plus. Un siècle néanmoins s'écoule avant que le diocèse soit doté d'un semblable établissement. Cinquante ans avant sa fondation, un ecclésiastique, du nom de Thalois, avait ouvert un cours de théologie dans la maison dite du doyenné.

A Tulle, dès l'institution de l'évêché et la formation du chapitre cathédral, les statuts diocésains ordonnent (1320) qu'il y aura un maître enseignant dans la maison. Ce maître sera nommé, à la présentation du prieur, par l'évêque, après avoir été dûment examiné.

Le monde, aux jours troublés du haut Moyen Age, n'appartenait plus à l'esprit : il était redevenu la proie de la force. L'indépendance et l'étude n'avaient d'autre asile que ces pieuses retraites où des exilés volontaires se livraient, sous l'œil de Dieu, aux exercices religieux et à la culture de l'intelligence, de la science et de la vertu. Les monastères n'étaient pas rares en Limousin. Celui de Tulle dut avoir dès l'origine une école ; mais elle paraît avoir jeté peu d'éclat et on ne sait rien d'elle. A Vigeois, à Attanum, on signale de bonne heure des indices d'une certaine culture intellectuelle (2). Solignac,

(1) *Histoire Littéraire de la France*, t. VII, p. 46-47.
(2) *Ibid.*, tome III, p. 361 et 442.

fondé par saint Éloi avec les libéralités de Dagobert, posséda sans doute dès les premiers jours de bons maîtres. Saint Rémacle, saint Théau s'y formèrent et saint Ouen atteste qu'on y trouvait de son temps des hommes habiles dans tous les arts. On doit reconnaître cependant que l'école monastique de Solignac a laissé peu de traces. Vers 1659, il est parlé d'un cours de philosophie et de théologie institué dans l'abbaye (1). Mais dès avant le xviie siècle, les religieux paraissent avoir cessé de donner eux-mêmes l'instruction aux enfants du dehors ; on constate seulement l'obligation imposée à l'abbé d'entretenir un régent pour l'instruction de la jeunesse, tout au moins de lui donner une prébende monacale (2).

A Saint-Martin de Limoges, l'existence de l'école ne nous est pas révélée avant le xiie siècle. Au cours de la guerre entre Henri II, roi d'Angleterre et son fils Henri le Jeune, les enfants et les jeunes clercs de l'école de Saint-Martin, forcés de quitter l'abbaye, située hors des remparts, sont recueillis par les religieux de Saint-Martial et trouvent un asile dans le cloître (3). — La maîtrise des écoles est encore mentionnée au nombre des offices de ce monastère en 1401 (4).

A Saint-Augustin-lès-Limoges, qui devait plus tard abriter une des premières communautés de la savante congrégation de Saint-Maur, des écoles avaient autrefois existé. Le P. Bonaventure de Saint-Amable rapporte que les Bénédictins tenaient école ouverte pour les enfants du dehors, du côté du petit cloître qui répondait au grand portail du monastère (5).

Il n'est pas parlé de l'école de Beaulieu au cartulaire de cette abbaye. Il est difficile toutefois de supposer qu'un monastère aussi important n'en ait pas possédé une ; notons que le titre de *grammairien* est donné par Adémar de Chabannes, dans la première moitié du xie siècle, à un religieux de Beaulieu nommé Guernon. Peut-être ce Guernon était-il l'écolâtre du monastère (6).

A Uzerche, une prébende préceptorale est aussi réservée pour assurer aux enfants de la ville l'instruction gratuite. Au

(1) Chronique citée dans les *Documents historiques concernant la Marche et le Limousin*, publiés par MM. A. Leroux, E. Molinier et A. Thomas, t. II, p. 264.

(2) Roy Pierrefitte, *Monastères du Limousin : Solignac*, p. 17.

(3) *Sancti Martini infantes de schola in claustro nostro benigne recipimus* (Chron. de Vigeois, ap. Labbe, *Rerum Aquitanarum scriptor s*, t. II, p. 335).

(4) Nadaud, *Pouillé rayé*, p. 40.

(5) *Histoire de Saint-Martial*, t. III, Annales, p. 353.

(6) *Wernoni grammatico, B. Petri apostoli Bellilocensis ecclesie monacho* (Historiens de France, X, 506).

1.

móment de la Révolution, cette préceptorale est possédée par un religieux cordelier (1). A Vigeois, vers la même époque, la préceptorale se trouve confiée à un prêtre (2).

L'abbaye de Terrasson, que des liens religieux et féodaux rattachent au diocèse de Limoges, comptait un écolatre parmi ses officiers : en 1101, le chef de ce monastére s'oblige à recevoir des moines de Saint-Martial pour remplir les fonctions de prieur, sacristain, cellérier et maître d'école. Mais l'arrangement ne paraît pas avoir tenu longtemps (3).

Le plus grand établissement monastique de la contrée, à partir du x⁰ siècle, c'est Saint-Martial de Limoges : les pélerins y affluent pour vénérer les restes de l'apôtre d'Aquitaine, et le monastère s'agrandit sans cesse pour recevoir de nouveaux religieux. L'école de Saint-Martial prend une importance en rapport avec celle de l'abbaye. Des textes fort anciens en font mention. Vers la fin du x⁰ et le commencement du xⁱ siècle, la direction de cette école paraît être confiée à Pierre, dénommé pour ce motif le Scolastique ou l'Ecolatre, qui était grammairien et poète et a laissé un poème précieux au point de vue de l'histoire Limousine et non sans valeur littéraire (4). En 1001, le chantre Roger succède à Pierre dans la charge de maître des écoles et l'occupe sans doute jusqu'à sa mort, arrivée en 1025. En 1181, Henri le Jeune chasse les novices et les enfants de l'école et en retient quelques-uns (5).

On trouve, dans les chroniques et dans les liasses de nos archives, la mention d'un certain nombre de leurs successeurs : Maurice Pignet — Pinheta — est dit, dans un acte de 1245, maître des écoles du monastère (6); frère Aimeric Charroteau est sous-maître des écoles, en 1320 (7); Martial Jay, maître des études, et Ponce Merleti, sous-maître, en 1367 et 1368 (8); Pierre Saleys, « écolatre », en 1415 ; Marc Pignet — Pinetius — « maître des enfants », en 1481; Antoine Guy, en 1537 (9).

(1) CHAMPEVAL, L'instruction avant 89 (Almanach de la Corrèze pour 1889
(2) Ibid.
(3) Chron. de Vigeois, ap. LABBE, II, 297.
(4) L'abbé ARBELLOT : Bulletin de la Soc. Archéologique, t. VI, p. 95, 134, 145. — Un autre Petrus grammaticus est nommé au xiiⁿ siècle.
(5) Chron. de Vigeois, ap. LABBE, p. 335.
(6) Mauricium Pinheta, magistrum scholarum monasterii (Arch. Haute Vienne, liasse 3703 du classement provis.)
(7) LEGROS, Mélanges manuscrits, t. I, p. 302.
(8) LEGROS, Tables chronologiques ecclésiastiques.
(9) LEGROS. — Ibid.

Au xvᵉ siècle, diverses pièces des archives nomment un *magister* et un *submagister scolarum*. L'écolâtre en titre a droit, à cette époque, aux mêmes distributions que le prieur, le chantre et le chevecier. Seuls l'abbé et l'aumônier ont une part plus forte (1).

Au xiiiᵉ siècle, l'école et le noviciat de Saint-Martial étaient encore nombreux, puisqu'en 1282, l'archevêque de Bourges n'y tonsura pas moins de vingt-trois enfants le même jour (2). Au xivᵉ siècle, les études étaient négligées dans le monastère. L'abbé d'Issoire, commissaire du Souverain Pontife pour la visite des moines noirs dans la province de Bourges, dut ordonner qu'il y eût toujours à l'abbaye un maître de grammaire et de logique pour l'instruction des jeunes gens et autres aptes à recevoir ses leçons, et que le titulaire de cet emploi fût capable de donner l'enseignement prescrit (3).

D'autres indications confirment la décadence des études dans le monastère. Au xvᵉ siècle, l'office de bibliothécaire — *armarius* — jadis confié aux religieux les plus distingués, n'existe plus (4).

La ruine des écoles monastiques, dès le xivᵉ siècle, est, du reste, attestée par un grand nombre de témoignages. L'Eglise n'en rappela pas moins sans cesse aux religieux que la culture des lettres humaines constitue un devoir pour eux. Les statuts synodaux de l'église de Limoges, de 1519, leur prescrivent de s'attacher à parler correctement et ordonnent que dans tous les couvents il y ait un maître de grammaire.

Il n'est pas bien difficile de se faire une idée assez précise de l'enseignement de ces écoles conventuelles ; il différait peu du programme des écoles épiscopales : la lecture, l'écriture, la grammaire, quelques principes de littérature, de rhétorique et de versification, la logique, un peu d'histoire, de physique et de mathématiques constituaient, avec l'étude et le commentaire des textes sacrés, des Pères, des gloses, le chant liturgique et la théologie, le cycle à peu près complet du programme, cycle qu'élargit un peu la vogue croissante des

---

(1) *Registres de la pitancerie de Saint-Martial,* aux Archives de la Haute-Vienne. *Passim.*

(2) *Dominus viginti tres pueros tonsuravit* (Journal de visites de Simon de Beaulieu, ap. BALUZE : *Miscellanées,* t. I, p 288.)

(3) *Provideatur quod unus magister in grammaticalibus et logicalibus teneatur continue in abbatia, pro instruendis juvenibus et aliis ad hoc aptis... et sit talis qui sufficiat instruendis* (Statuts de 1337, ap. LEGROS, *Mélanges manuscrits,* t. III, p. 229.)

(4) Arch. Haute-Vienne, Saint-Martial. registres de la Pitancerie, *passim.*

œuvres d'Aristote. — Quant à la discipline, elle était rude. Dans les premières années du xi⁰ siècle, Odolric, qui devait plus tard être abbé de Saint-Martial, entra fort jeune à l'école du monastère. Peu attentif et peu studieux, il laissa un jour échapper, en lisant l'épître de la grand messe, une grosse faute, qui lui valut sur le champ un soufflet du maître du chœur. L'enfant s'enfuit; mais ce châtiment public porta ses fruits. Odolric se mit sous la direction d'autres maîtres, se livra avec ardeur à l'étude et devint un des hommes les plus distingués de son temps (1).

Les écoles monastiques étaient une sorte de noviciat. On élevait les enfants confiés au couvent comme des enfants de troupe dans une caserne : ils portaient l'habit monastique et participaient, dans une certaine mesure, aux exercices de piété. Il ne s'ensuit pas que tous fussent destinés à embrasser la vie religieuse. Beaucoup d'entr'eux étaient fils de chevaliers et destinés à mener l'active existence de leurs pères ; car il ne faut pas oublier que, même aux temps les plus sombres du moyen-âge, les jeunes nobles, contrairement à un préjugé fort répandu, recevaient, pour la plupart, une éducation soignée et plus ou moins littéraire (2). — Ceux-là même que leurs parents avaient offerts à Dieu avec certaines cérémonies consacrées, avaient toute liberté de sortir du monastère. Le concile tenu en 1031, à Limoges, renouvelant les prescriptions du concile de Tolède, ordonne qu'arrivés à un certain âge, ces jeunes gens soient mis en demeure de déclarer s'ils veulent rester au couvent et embrasser la vie régulière, ou bien rentrer dans le monde et se marier (3). Les conciles, celui d'Aix-la-Chapelle (817), par exemple, recommandent seulement, de la façon la plus formelle, que les écoliers du dehors soient séparés des clercs qui se destinent à l'état ecclésiastique (4). Aussi voyons-nous, dans beaucoup d'abbayes, la maîtrise des novices confiée à un autre religieux que la maîtrise de l'école. Il en est ainsi à Saint-Martial (5).

---

(1) Chron. de Vigeois, ap. LABBE, t. II, p. 283.

(2) *Post teneræ educationem infantiæ, sicut plerique nobilium liberi solent, in studium litterarum missus est* (MARBODE, Vie de saint Gautier de Lesterps). *ingenuorum puerorum quos ad virtutem informandos canonicis Doratensibus sui parentes commendabant* (Office de saint Théobald, cité par Mgr Rougerie, p. 146).

(3) *Ut in monasteriis nutriti, cum venerint ad annos adolescentiæ, detur eis optio libera, utrum velint vovere propositum an inter laicos esse... Qui voluerint, uxores ducant* (LABBE, t. II, p. 794. Concile de Limoges).

(4) *Histoire Littéraire de la France*, t. IV, p. 230.

(5) NADAUD, *Pouillé rayé*, p. 40.

Il n'y avait pas que les anciens monastères établis sous la
règle de saint Augustin, de saint Basile ou de saint Benoît qui
eussent fondé des écoles. Les ordres religieux qui s'installè-
rent en Limousin au cours du xiii° siècle en eurent aussi :
auprès des Arènes de Limoges, les Grands Carmes enseignèrent, dit-on, la philosophie et la théologie, et on montrait au
dernier siècle, dans le cloître, près de la sacristie, les salles
où avaient eu lieu ces cours (1). Les Augustins annoncèrent
l'ouverture d'un cours de théologie pour 1677, mais il ne
semble pas qu'ils aient donné suite à ce projet. Les Récollets
paraissent avoir eu des écoliers à une certaine époque. — L'enseignement des Dominicains qui, aux xiii° et xiv° siècles, dut
avoir, à Limoges comme ailleurs, une grande importance,
mais sur lequel nous savons peu de chose, fut le seul qui sub-
sista jusqu'à la Révolution : le couvent des Jacobins du fau-
bourg Manigne renfermait un petit pensionnat dont les élèves
faisaient leurs humanités sous la direction des religieux ;
ceux-ci avaient de plus des cours de philosophie et de théologie pour les étudiants de l'extérieur. A ces cours, dont
nous constatons l'existence en 1650 (2), ils ajoutèrent, au
xviii° siècle, des leçons de mathématiques. Les réunions du
collège royal de médecine se tenaient aux Jacobins.

Les monastères de femmes eux-mêmes eurent des écoles de
petits garçons. Nous pouvons l'induire d'un article des statuts
donnés, en 1339, à l'abbaye de Notre-Dame de La Règle, en la
Cité de Limoges, la plus ancienne et la plus illustre des communautés de filles de toute la région. Les religieuses sont
autorisées à instruire — *erudiant* — quelques petits garçons ;
mais défense leur est faite de les garder au-delà de huit ans (3).

Toute cette société ecclésiastique, l'élite du moins, travail-
lait et faisait de son mieux pour acquérir et donner une instruction grammaticale, littéraire et philosophique; mais était-
elle, en Limousin tout au moins, bien savante et son enseignement d'un niveau bien relevé? Des témoignages contemporains
le contestent. Nous avons entendu, plus haut, le prieur de
Cluse déclarer que les habitants de l'Aquitaine était tous igno-
rants et barbares. Il ajoute : « Si quelqu'un se rencontre dans

---

(1) LEGROS, *Limousin ecclésiastique*, p. 260.
(2) Voir notre notice sur les *Registres des anciennes paroisses de Limoges*,
p. 36.
(3) *Nec erudiant aliquos pueros majores octo annis, sed duntaxat minores
octo annis, et usque ad octo annos et non ultra* (LEGROS, *Mél. man.*, I, 35).

ce pays ayant appris un peu la grammaire, le voilà tout près de se prendre pour un Virgile. Les évêques aquitains sont sans culture intellectuelle : l'abbé de Saint-Martial, Odolric, réussit à passer pour un esprit cultivé dans ce milieu peu éclairé, mais il n'a ni beaucoup de littérature ni beaucoup de science ; quant à ses religieux, ce sont des rustres épais, et la plus complète ignorance des lettres règne dans le monastère » (1).

Il faut faire — et très large — la part de la mauvaise humeur de cet étranger, qui, malgré l'excellente opinion de lui-même dont témoignent des jugements aussi tranchants, avait été pris par l'historien Adémar, moine à Saint-Martial, en flagrant délit de grossiers barbarismes de langage ; mais le même Adémar semble admettre que ces barbarismes, proférés au cours d'une discussion publique, avaient pu ne pas être remarqués de l'assistance, composée cependant de tous les hauts dignitaires du diocèse, du chapitre et des religieux de Saint-Martial : on est en droit d'en conclure que les ecclésiastiques Limousins de ce temps là étaient, en effet, peu lettrés. Néanmoins il se trouvait, parmi ce clergé si peu familier avec l'usage d'une latinité correcte, des hommes d'une culture supérieure. Peut-être même au commencement du xie siècle comptait-on dans le diocèse plusieurs ecclésiastiques connaissant l'hébreu : on peut l'induire de ce fait que, lors de l'expulsion des Juifs par ordre de l'évêque Hilduin, en 1010, des conférences eurent lieu pour les convaincre « par le témoignage de leurs propres livres » (2).

Quoiqu'il en soit, le niveau général des études s'élève singulièrement au xiiie siècle, pour s'abaisser bientôt au quatorzième. Puis, à partir de la Réforme et du Concile de Trente, le clergé séculier se met résolûment au travail et on est vraiment étonné du nombre de docteurs et de gradués en théologie qu'on rencontre parmi les ecclésiastiques de la province aux xviie et xviiie siècles.

On ne saurait mettre aucune différence entre les écoles monas

---

(1) *Si aliquis de Aquitanis parum didicerit grammaticam, mox putat se esse Virgilium... Episcopos Aquitaniæ rusticos ; Odolricum abbatem parum intelligere litteras et parum doctum esse, sed coram rusticis fingentem se sapientem ; monachos sancti apostoli idiotas, et nullam sapientiam litterarum in eodem monasterio* (Lettre d'Adémar : *Historiens de France*, t. X, p. 507, 508).

(2) *Alduinus episcopus Judæos Lemovicæ ad baptismum compulit, lege prolata ut aut christiani essent, aut de civitate decederent. Et per unum mensem doctores divinos jussit disputare cum Judæis, ut eos ex suis libris revincerent* (Historiens de France, t. X, p. 152 et note *b*).

iques et les écoles capitulaires. Tous nos anciens chapitres
avaient été, à l'origine, des communautés régulières et
avaient conservé, parmi leurs officiers, le chanoine spécialement chargé de pourvoir à l'instruction; presque partout, la
surveillance des écoles se trouvait placée dans les attributions du chantre. Certaines dotations étaient affectées à cette
charge, et quand le chantre n'enseignait pas lui-même, la
prébende préceptorale était donnée au maître d'école.

L'école du Dorat est, croyons-nous, celle dont on trouve
mention à la date la plus ancienne. C'est là qu'est envoyé
saint Théobald, né de pauvres gens de cette ville. Il y apprend
les premiers éléments des lettres et réussit dans ses études
de façon à surpasser tous ses petits camarades (1). Saint Israël
dirige cette école avec un grand éclat, mais ses successeurs
abandonnent ce soin a des régents. Robert nous apprend
qu'en 1654 la prébende préceptorale avait pour titulaire le
maître d'école. Une autre prébende était affectée à la psallette,
laquelle avait un maître et six enfants de chœur.

A Saint-Junien, le chapitre unit, en 1329, du consentement
du chantre, la vicairie de « Dame Gilberte » à la maîtrise des
écoles. Dans cette ville comme ailleurs, les magistrats municipaux réclament le droit de choisir les maîtres. Le chapitre
y consent, et aux termes d'une transaction du 30 avril 1457,
il est convenu qu'à l'avenir les Consuls présenteront aux chanoines un « maître, recteur ou gouverneur » des écoles de la
ville et que le chapitre sera tenu de conférer à ce candidat
l'emploi vacant (2). Un siècle plus tard, la présentation est
faite par le chapitre et le corps municipal conjointement;
l'évêque nomme (3). Toutefois, Nadaud constate que la préceptorale constituée à Saint-Junien par ordonnance du chapitre du 20 juillet 1564, pour satisfaire à l'article 9 de l'édit
d'Orléans, et qu'on dota de la première prébende vacante,
était à la nomination des consuls et à la collation du chapitre.
Elle était possédée par trois régents séculiers (4).

Il en fut de même à Tulle, où la préceptorale créée par les
statuts de 1320 se transforma, peu à peu, en charge municipale. Cette transformation eut lieu selon toute probabilité au
cours du xve siècle, époque où partout nous voyons les com-

(1) *In primis litterarum elementis et rudimentis tanto profectu tyrocinium
posuit ut omnes coœvos suos facile superaret.*
(2) Alfred LEROUX et feu BOSVIEUX : *Chartes, Chroniques et Mémoriaux ;
Chron.* du Chapitre de Saint-Junien, p. 242.
(3) *Ibid*, p. 253.
(4) NADAUD, *Pouillé rayé.*

munautés bourgeoises faire un grand effort pour arracher la
direction effective de l'enseignement aux mains du clergé.
A Brive, le chapitre de Saint-Martin avait possédé une prébende
préceptorale dont il est parlé aux lettres de Henri IV relati-
ves à la dotation du collége de cette ville. Mais, dès 1486, les
consuls nomment les régents des écoles et l'enseignement de
ces écoles est assez étendu puisqu'en 1489, Pierre Latreille,
maître ès-arts, est chargé de cours de grammaire, de logique
et de philosophie (1) On peut dire qu'à cette date le collège
de Brive est déjà fondé, bien que son institution officielle
remonte seulement à 1581.

A Saint-Yrieix, la situation est un peu différente. Le chapitre a conservé ses droits : il a admis seulement les magistrats municipaux à y participer. Là, comme presque partout,
l'évêque reste la grande autorité en matière d'instruction.
C'est sur sa désignation que les consuls et le chapitre ont
nommé le sieur Boisset de Lafont « précepteur public » ; c'est
à lui que s'adressent, en 1784, la municipalité et les chanoines pour obtenir la révocation de cet instituteur, dont la négli-
gence laisse dépérir l'école (2).

A Eymoutiers, antérieurement à la fondation du collège, il
existe des écoles dirigées par le chapitre et où plusieurs
régents sont entretenus par les pieuses libéralités de quelques
chanoines (3). — A Saint-Germain-les-Belles, enfin, le Chapitre donne au curé une allocation annuelle pour qu'il pour-
voie à l'instruction des enfants (4).

Les écoles des villes s'émancipent, dans une mesure plus ou
moins large, de la tutelle de l'Eglise; toutefois jusqu'à la
Révolution, l'évêque, comme nous le disions plus haut, garde
la haute main sur l'enseignement. C'est lui qui approuve les
collèges, — pourvoit, dans les limites des lettres patentes ou
des arrêts du Conseil, à l'organisation de ces établissements,—
désigne ou tout au moins autorise les professeurs. C'est à lui
qu'appartient la direction effective des petites écoles de la
campagne, le contrôle de l'enseignement, la surveillance du
personnel : celui-ci, au xviiie siècle, est inspecté par les ecclésiastiques chargés par l'autorité épiscopale de visiter les paroisses. Il est recommandé expressément à ces visiteurs de

(1) *Bulletin de la Société scientifique de Brive*, t. III, p. 651.
(2) Archives de la Haute-Vienne, fonds de l'Evéché, liasse 1625, prov.
(3) Archives Haute Vienne, évêché, 164 prov.
(4) CHAMPEVAL, *L'Instruction avant 89* (Almanach de la Corrèze pour 1889).

« veiller à la conduite des maîtres et maîtresses d'école et
sur les livres dont ils se servent pour les leçons » (1).

Un règlement « pour les maîtres et maîtresses d'école »,
donné vers 1686 par Mgr de Lascaris d'Urfé, rappelle expressément que tout maître d'école doit être agréé, « approuvé par
» écrit » de l'autorité ecclésiastique, et renferme quelques
prescriptions intéressantes touchant la tenue de la classe,
l'enseignement et l'accomplissement des devoirs religieux (2).

Dans les paroisses où la nomination des instituteurs n'appartenait pas aux dignitaires de l'ordre monastique, ou n'avait pas
été réservée par les fondateurs ou enlevée à l'église par
les communautés bourgeoises, l'évêque nommait l'instituteur.
Ailleurs il l'approuvait seulement; mais partout le maître
ou la maîtresse d'école devaient se pourvoir de l'autorisation
de l'Evêché, et ne pouvaient s'installer et ouvrir leur classe
sans une permission dont les archives du diocèse conservent
plusieurs formules imprimées; cette permission était ainsi
conçue (3) :

« Louis Charles du Plessis d'Argentré, par la grâce de Dieu
et du Saint-Siège apostolique évêque de Limoges, conseiller
du Roi en tous ses conseils :

» Sur le rapport qui nous a été fait de la religion, probité et
capacité d

» Nous lui avons permis et permettons d'enseigner la jeunesse,
de son sexe seulement, en notre diocèse. Notre présente permission valable pour un an : nous réservant de la révoquer
ou prolonger ainsi que nous aviserons bon être. Donné à
Limoges, etc. »

L'établissement d'écoles dans les campagnes a été, on peut
lire, de tout temps dans le plan d'organisation sociale de
l'église chrétienne. Les conciles œcuméniques ont plus d'une
fois consigné, dans leurs canons, des prescriptions en vue de
l'enseignement des pauvres. Dès le commencement du vi⁰ siècle, le Concile de Vaison ordonne qu'à la campagne les curés
reçoivent chez eux de jeunes « lecteurs », les instruisent, les
élèvent en bons pères de famille et les préparent au sacerdoce.
Charlemagne, dont le glorieux nom reste attaché à une première renaissance des études en Occident, renouvela, en 789,

(1) Archives de la Haute-Vienne, fonds de l'Evêché, liasse 426 prov.
(2) Ordonnances synodales du diocèse de Limoges. — Limoges, P. Barbou,
703, p. 220. V. Appendice, n⁰ 3.
(3) Archives de la Haute-Vienne, évêché, liasse 426 prov.

ces prescriptions et recommanda qu'on ouvrît partout des écoles de lecture (1). Cette sollicitude ne demeura pas sans résultat, puisqu'on voit, avant la fin du viiie siècle, plusieurs évêques, entr'autres celui d'Orléans en 797, recommander aux prêtres de leur diocèse d'ouvrir des écoles tant dans les villages que dans les villes. Après le Concile de Trente, cette obligation est souvent rappelée au clergé.

C'est au curé, à celui qui avait charge de la paroisse, qu'incombait la tenue ou tout au moins la direction de l'école. Les règlements ecclésiastiques lui en faisaient un devoir. Dans les statuts synodaux de Philippe de Montmorency, évêque de Limoges, datés de 1519, on relève l'article suivant :

« Chaque curé aura avec lui un clerc de science médiocre, qui chantera au chœur et tiendra école où il enseignera l'alphabet et les dix commandements de Dieu ».

C'était assurément un programme bien élémentaire; mais enfin c'était quelque chose. Le clergé du diocèse se conformat-il à ces recommandations? Dans certaines localités, sans nul doute, on vit l'école ouverte au presbytère; mais nous n'oserions pas affirmer que partout, ou même dans la plus grande partie des paroisses, il en fut ainsi. Il ne faut pas oublier qu'à moins d'enseigner eux-mêmes, un grand nombre de desservants avaient des ressources si bornées, qu'il était impossible de songer à leur imposer la dépense de l'entretien d'un maître d'école.

Les communautés de prêtres, quelques indications en témoignent, chargèrent un de leurs membres de donner l'instruction élémentaire, avec l'enseignement religieux, aux enfants de la paroisse. Sur quelques points, on peut constater que de véritables écoles furent ouvertes par le curé ou un vicaire.

Mais, malgré les prescriptions réitérées de l'autorité ecclésiastique, malgré les termes pressants des statuts synodaux de 1619, recommandant aux curés l'instruction des enfants comme une des principales fonctions du prêtre; malgré les mandements des évêques, celui de Mgr de Lascaris d'Urfé, 23 octobre 1686, entr'autres, déplorant le défaut presqu'universel d'instruction et d'éducation chrétiennes dans le diocèse, et exhortant le clergé à « procurer de tout son pouvoir l'établissement d'écoles chrétiennes » et à s'appliquer à l'enseignement de la jeunesse, il ne semble pas qu'il ait existé beaucoup d'écoles curiales au véritable sens du mot dans nos villages. Du moins n'ont-elles laissé que bien peu de traces.

(1) *Et ut scolæ legentium puerorum fiant (Capitulaires,* t. I, col. 237).

C'est surtout à l'instruction individuelle que nous voyons le clergé des campagnes consacrer son temps, sa science modeste et son dévouement. Si ce n'est pas l'enseignement public, c'est du moins l'enseignement charitable recommandé par l'Eglise, puisque les prêtres donnent leurs soins aux pauvres comme aux riches. Les leçons gratuites d'un curé ou d'un vicaire furent le point de départ de la carrière de plus d'un homme célèbre : un pauvre prêtre de Bort, l'abbé Vaissière. avait été le premier précepteur de Marmontel. Beaucoup d'ecclésiastiques recevaient chez eux des pension-naires dont ils faisaient l'instruction. Dans nos vieux livres de raison, il est souvent parlé d'enfants confiés aux soins d'un prêtre de la campagne. En 1762, l'abbé Plaignaud, curé d'Ar-nac-la-Poste, a chez lui « des écoliers de toutes les classes, jusqu'à la rhétorique (1)».

Le Limousin ne posséda jamais ni université ni école célèbre. Dès le xie siècle, le monastère de Saint-Martial en-voyait des religieux achever leurs études sous les maîtres renommés de l'abbaye de Fleury (2). Plus tard, quand l'entre-tien d'étudiants aux universités fut imposé aux grandes communautés et aux chapitres, les statuts donnés à Saint-Martial, en 1339, fixèrent le chiffre des pensions qui durent être payés par certains dignitaires du monastère et par les diverses maisons, pour pourvoir à la dépense du séjour de ces étudiants (3). Le prévôt des Combes fut taxé à 50 livres, le doyen de Rieupeyroux à 160; le prieur de La Panouze à 40; ceux de St-Vaury et de Chazelles à 25). — A Grandmont, les mêmes dispositions sont prises et en 1584 l'ordre a son col-lège spécial à Paris. Le chapitre de Limoges impose à un certain nombre de ses membres ou de ses grands vicaires l'obligation d'étudier dans une « université fameuse»(4). Il en est de même du chapitre de Tulle.

Les Limousins avaient, du reste, des places assurées dans plusieurs établissements où des fondations pieu-ses avaient été faites en faveur des étudiants de la province. Il existait même quelques maisons spécialement créées pour eux. C'était à Toulouse, le collège de Saint-Martial, créé en

(1) Mémorial de visites de Mgr d'Argentré (A. LEROUX et feu Aug. BOS-VIEUX, Chartes, Chroniques, Mémoriaux).
(2) Hist. littéraire de la France, t. VI, p. 46, etc.)
(3) Pro pensionibus scolarium ad studia generalia mittendorum (LEGROS, Mélanges mss., t. III, p. 222).
(4) Eundo ad studendum in universitate famosa.

1359 par Innocent VI, pour recevoir et nourrir vingt pauvres étudiants : dix en droit canon et dix en droit civil, dont six de Limoges et dix de Toulouse, — et le collège de Sainte-Catherine, fondé par le cardinal Pierre de Monteruc, en 1379, augmenté par les libéralités de son neveu Hugon, évêque d'Agde, et qui pouvait recevoir deux prêtres et dix étudiants en droit canon ou en droit civil (1). Il y avait encore à Paris le collège de Grandmont (Mignon), dont nous avons parlé plus haut : celui de Saint-Michel, fondé en 1318 par un prélat de la famille de Chanac, enrichi par un autre et dont l'administration était réservée à des Limousins, — enfin le collège de la Marche avec des places gratuites pour les étudiants de cette province (2). Peut-être le xive siècle avait-il vu d'autres fondations analogues. Itier de Magnac, par exemple, dont les terres étaient en grande partie situées en territoire Limousin, ordonna, par son testament, qu'au cas de mort de ses héritiers, il fût institué, de ses biens, douze bourses pour des étudiants en théologie (3).

Jamais la science ne fut plus en honneur qu'au Moyen-âge. La Renaissance l'a cultivée avec plus de passion ; elle n'a pas eu plus de respect ni plus de faveurs pour les savants. On sait combien d'hommes s'élevèrent, par l'étude, des derniers rangs de la société, aux charges les plus élevées et aux premières dignités de l'Eglise. Charlemagne n'avait pas donné en vain asile aux écoles dans son propre palais. Deux siècles plus tard, le chroniqueur Adémar de Chabannes, écrivant aux personnages les plus considérables du pays, ne trouvait pas de qualification plus éminente à leur donner que celle de « savants philosophes » et de compliment plus flatteur à adresser au plus grand seigneur de la région que de joindre le titre de « grammairien correct » à celui de « très puissant duc d'Aquitaine » (4).

Le public lui-même avait une haute idée des savants. Un fait qui se passa dans un diocèse voisin l'atteste : en 1101, le peuple d'Angoulême demanda pour évêque, et le clergé élut un simple maître, le prêtre Gérard, qui avait dirigé les écoles des cités épiscopales de Périgueux et d'Angoulême et

(1) B. DE SAINT-AMABLE, *Hist. de Saint-Martial*, t. II, p. 315 et 316.
(2) Provenant du collége Saint-Nicolas et fondées par un Gallichier, chanoine de Paris (1536).
(3) Archives des Basses-Pyrénées, E 764.
(4) *Philosophicis studiis liberaliter instructis... Willelmo, grammatico orthodoxo et potentissimo Aquitanorum duci* (Historiens de France, t. X, p. 506).

celles de quelques localités — *castellis* — des environs (1).

Le mot de *castellis*, employé ici par la chronique des comtes et des évêques d'Angoulême, (2) a indifféremment le sens de château ou de bourg fortifié. Voilà donc, semble-t-il, des écoles d'une nouvelle espèce dont l'existence nous est révélée par ce texte, et qui ne sont ni une annexe de la maison épiscopale ni une institution monastique ; elles ne paraissent même pas devoir être identifiées avec les écoles paroissiales. Dirigées par des prêtres ou de simples clercs, ces écoles peuvent avoir été fondées par les seigneurs ou les bourgeois des villes. Dès avant la première Croisade, la vie de saint Geoffroi, restaurateur et premier prieur du monastère du Chalard, nous montre l'homme de Dieu, recueilli chez un riche négociant de Limoges, et consacrant une partie de son temps à enseigner dans les écoles, peut-être même en ayant accepté la direction à la prière de son hôte (3).

Les écoles seigneuriales ou bourgeoises de cette époque ont laissé peu de traces. L'Eglise paraît, dans nos pays, avoir conservé le monopole presque exclusif de l'instruction jusqu'à une époque très rapprochée de la fin du moyen-âge. Toutefois, la collation des écoles n'était pas demeurée en dehors du droit féodal. L'autorisation d'ouvrir des classes, l'investiture en quelque sorte de l'instituteur était considérée comme relevant de la vigerie, et par suite attachée au droit de justice. Un document, conservé aux archives départementales de Pau (4), nous fait assister à un curieux procès entre le procureur général de la vicomté de Limoges et Antoine de Bonneval, seigneur de Coussac et de Blanchefort. Ce dernier affirmait que ses prédécesseurs avaient joui paisiblement depuis plus de deux cents ans du droit de conférer la régence des écoles du bourg de Coussac et d'interdire la tenue de classes non autorisées par eux. Cette prérogative lui était contestée par le vicomte de Limoges. Celui-ci alléguait que le manoir de Coussac n'était pas un château, — n'ayant ni châtellenie ni juridiction, — mais une simple maison noble, et qu'il relevait de

(1) *Gerardus, cum in civitate Engolisma et Petragorico et in quibusdam castellis circum adjacentibus regimina scholarum habuisset, ob insignem ipsius scientiam et honestam vitam in Engolismensem episcopatum promotus est petitione populi, electione cleri.*

(2) *Gesta comitum et episcoporum Engolismensium,* ap. *Historiens de France,* t. XII, p. 393.

(3) *Cum vero vir Dei... occupationem scholarum quibus docendis tunc multus* (sic) *vacabat opponeret* (Vie de saint Geoffroi, publ. par Aug. Bosvieux).

(4) On trouve cette pièce à l'Appendice, n° 1.

la seigneurie et justice de Ségur ; qu'au surplus un des prédécesseurs du sire de Bonneval avait, dans un appointement avec
la vicomtesse de Limoges. Marguerite de Chauvigny, expressément renoncé au droit de conférer les écoles dans le bourg
de Coussac. L'affaire fut portée aux assises de Ségur, ouvertes
le 2 juillet 1481, et renvoyée à la session suivante pour que
les parties pussent produire leurs témo'ns. A notre grand
regret nous n'avons pu en apprendre davantage.

Nous verrons plus loin les officiers du roi de Navarre,
vicomte de Limoges, intervenant pour la fixation du taux de
la rétribution scolaire dans cette ville, au xvi° siècle.

Vers la même époque, les Turenne et les Malemort,
coseigneurs de Brive, s'associeront aux consuls pour l'acqui-
sition du collège.

Au xiii° siècle seulement, on commence à rencontrer des
écoles paraissant relever, dans une certaine mesure, de
l'autorité communale. Au cours de l'enquête à laquelle il est
procédé, de 1279 à 1281. pour la constatation des droits respectifs de l'évêque de Limoges et de la commune de Saint-
Léonard de Noblat, nous trouvons, au nombre des témoins
cités par les consuls, « Maître Léonard Godel ou Godeau,
clerc, recteur des écoles de Noblat », âgé de trente-neuf ans
et dont la déposition est très favorable aux prétentions des
bourgeois (1). Faut-il voir dans Léonard Godel un fonction-
naire municipal ? Nous n'oserions l'affirmer, et cependant
nous ne sommes point éloigné de le croire : les bourgeois
d'un certain nombre de communes du Nord, ceux d'Ypres
par exemple (2), avaient fait, dès le xiii° siècle, reconnaître
par le clergé leur droit d'instituer de petites écoles Or, nous
constatons que les consuls de Saint-Léonard jouissent, en
1446, de la prérogative de nommer les maîtres (3).

Quant aux écoles de la capitale de la province, nous n'aper-
cevons pas de trace certaine de l'intervention de l'autorité
laïque dans leur organisation et leur direction avant le xive
siècle. A cette époque, un inventaire des archives communales mentionne un « instrument du xe d'apvril mil IIIᶜ LXX,
contenant le pris du salaire que les escoliers doibvent payer

(1) *Magister Leonardus Godelli, clericus, rector scolarum Nobiliaci* (Arch.
Hte-Vienne, Fonds de l'Evêché, rouleau 2440).
(2) VAN DER KINDERE, *le Siècle des Artevelde.*
(3) Archives Haute-Vienne, chapitre de Saint-Léonard, liasse 3573.

aux maistres regens des escoles de Limoges (1) ». L'existence,
à l'Hôtel-de-Ville, de ce document, atteste que le consulat
avait part, dès lors, à l'administration des écoles.

Où étaient celles-ci, aux xiii° et xiv° siècles? Il est parlé,
dès 1309, au nécrologe de Saint-Martial, des écoles de la
place de Saint-Gérald, et un titre, postérieur de trente ans, fait
mention des maisons de Martial Marteau, archidiacre de la
Marche, situées sur cette place, et où se tiennent, à cette époque. « les écoles de grammaire et de logique » (2). Mais il
résulte d'un texte formel que celles-ci ne sont plus là, dix-
sept ans plus tard, à la date du 31 août 1356 (3). Ont-elles
été détruites par la guerre? Ce n'est pas impossible.

Nous retrouvons, au xvi° siècle, les écoles de Limoges
derrière le Breuil, entre la rue des Fossés et la rue Croix-
Neuve d'une part et les murailles de l'autre, sur l'emplacement même de la rue dont le nom rappelle encore leur
existence. Un titre de 1545 mentionne dans ce quartier la
maison des hoirs d'Aimeric Villebost, où se tiennent les
écoles (4). Il est parlé au procès des Ligueurs, après les évé-
nements de 1589, de « la maison communément appelée la
grande Escolle » sous le fort Saint-Martial, non loin de la
tour Montmailler (5). On trouve encore, en 1596 et 1599,
mention de « la maison appelée de l'Ecole ». Mais les classes
s'y tiennent-elles encore? Nous ne le croyons pas. Il est
possible qu'en 1545, l'école ne fût pas établie dans ce quartier depuis longtemps, ou qu'on ne l'y eût installée qu'à titre
provisoire. Nous voyons, en effet, en 1521, le Consulat,
dans le contrat d'accense de l'emplacement de l'ancien
Hôtel-de-Ville (rue Saint-Nicolas), se réserver la faculté de
reprendre ce terrain « pour la nécessité de la ville, comme
pour édifier maison pour les écoles ou autrement » (6).

Les lièves de Saint-Martial mentionnent, vers le milieu
du xv° siècle un Jean Servientis, maître des écoles de la

---

(1) A. Thomas, Inventaire des Archives Communales, GG, 208.

(2) *In domibus in quibus tenentur scole, apud sanctum Geraldum* (Legros,
Mél. mss, t. I, p. 217). — *Super quibusdam domibus suis sitis in platea
Sancti Geraldi Lemovicensis, in quibus tenentur scole grammatice et logice*
(Ibid., t. I, p. 210).

(3) *In platea Sancti Geraldi... solare in quo schole grammatice olim teneri
consueverunt* (Bibliothèque nationale, fonds Moreau, tome CCCXXXVI,
f° 168, v°).

(4) Grand répertoire de saint Martial, xviii° siècle. Aux archives de la
Haute-Vienne.

(5) Archives nationales K k 1212.

(6) *Registres consulaires de la ville de Limoges*, t. 1. p. 113.

ville de Limoges (1), qui pourrait bien être le plus ancien directeur connu de notre école municipale.

Les bourgeois appréciaient l'instruction et savaient quel avenir elle ouvrait à leurs enfants. Aussi les voit-on manifester en mainte occasion leur désir que ceux-ci soient mis à l'école et fassent des études. — « *Volo quod sibi provideatur in scholis* » est un vœu que nous avons rencontré dans le testament de plus d'un père de famille, du XIIIe au XV° siècle. Un acte de 1419, dont nous avons donné ailleurs le texte, nous montre un tuteur prenant devant les consuls l'engagement d'envoyer à ses frais ses pupilles à l'école (2). Par les sacrifices qu'elle fait pour l'établissement des collèges, la population témoigne partout du prix qu'elle attache à l'instruction.

Elle la considère dès lors comme un service public des plus importants. Les corps municipaux, les assemblées de communautés n'hésitent pas à voter des contributions, à contracter des emprunts, et les Etats de la vicomté de Turenne votent régulièrement d'assez larges subventions aux écoles des villes du ressort (3).

Au cours des XVe et XVIe siècles, les corps municipaux, sans échaper toutefois au contrôle et à l'ingérence de l'autorité ecclésiastique, prennent partout, on l'a vu, la direction des écoles et le choix des maîtres leur appartient désormais. A Limoges, la lutte entre les consuls de la ville du Château et le grand chantre de l'église cathédrale paraît avoir été longue ; nous n'en connaissons pas toutes les péripéties. En 1489 il semble qu'une trève ait été conclue ; car on voit, le 1er mai de cette année, le corps municipal de Limoges désigner au chantre et celui-ci accepter Léonard de Convalètes ou de Combalètes, dit Rigoulène, maître ès-arts et bachelier ès lois, pour diriger les écoles de la ville durant l'année qui s'écoulera du 25 juin suivant, fête de saint Jean-Baptiste, au 25 juin 1490. Convalètes s'engage à résider, à tenir les écoles et à instruire les enfants de son mieux, avec l'aide de maîtres « suffisants et reçus bacheliers ». Et comme signe

(1) *J. Servientis, magister scolarum hujus ville* (Ancienne liève de la Pitancerie de Saint Martial, fol 65).
(2) *Le Livre de raison d'Etienne Benoist*, p. 23.
(3) 150 l. aux régents de Martel; 150 aux régents de Saint-Céré; 36 l. à ceux de Gaignac (sessions de 1634, 1637, etc.) — Communication de M. René Fage. Nous n'avons malheureusement que les procès-verbaux relatifs au Querci.

d'investiture de ses fonctions, le prévôt-consul lui remet un livre de Matines (1).

Le procès engagé devant le siège sénéchal entre le chantre Pierre Brachet et l'Hôtel-de-Ville, aboutit à une première sentence favorable aux consuls et les juges remirent provisoirement la direction des écoles à un religieux dominicain, Pierre de L'Artige, dont nous trouvons le nom au bas de la délibération municipale relative à Léonard de Convalètes. Le chantre fit appel devant le Parlement de Bordeaux et obtint la reconnaissance de ses prérogatives et l'autorisation de pourvoir de la maîtrise des écoles Pierre Bonnet ou tout autre personne capable. Mais les consuls firent valoir que les droits temporels de l'évêque ne s'étendaient qu'à la Cité de Limoges, et que ni le prélat ni le chantre n'en exerçaient aucun et n'en avaient jamais exercé dans la ville du Château ; qu'eux seuls y possédaient la justice et en étaient seigneurs, sous l'obéissance du Souverain. Eux seuls avaient fait construire des écoles pour l'instruction des enfants de la ville et aussi d'un grand nombre de clercs qui affluaient à Limoges, désireux d'être initiés « à la grammaire, à la logique, à la philosophie, à la poétique, à la rhétorique et à la morale » (2). La querelle, qui menaçait de s'éterniser, se termina par une transaction. Michel Jouviond, successeur de Brachet, consentit à transiger « dans l'intérêt du bien public » : il renonça, le 29 mai 1525, moyennant une rente perpétuelle de dix livres pour lui et ses successeurs, au droit qui avait fait l'objet du procès, « voulant qu'à l'avenir, dans la ville du Château de Limoges et ses dépendances, le choix et l'institution des régents et la collation de leurs charges appartînt désormais aux seuls consuls. » Cet accord fut ratifié par le chapitre (3).

Les écoles, dont l'organisation laissait beaucoup à désirer, ne paraissent pas avoir gagné grand chose à ce changement. Au mois d'avril 1536, un certain nombre d'habitants se plaignirent « que aux escolles avoyt grant et necessaire besoing de recteur et bons maistres, et que, a faulte d'iceulx, aux dites escolles n'avoyt arlcune discipline ne morigination et estoyent lesdits habitants contraintz envoyer et tenir leurs enffans aux escolles des villes circunvoisines ». Les consuls

---

(1) Archives des Basses-Pyrénées, E 743. Appendice, n° 2.
(2) *In grammaticalibus, logicalibus, philosophiæ poeticæque et oratoriæ artibus bonisque moribus.*
(3) *Registres consulaires*, t. I, p. 139.

convoquèrent une assemblée de ville dans laquelle il fut décidé qu'on s'enquerrait d'un recteur capable dans les villes ayant université (1). Un des recteurs du collège de Poitiers, Pierre Pomeranus consentit à prendre la direction des écoles de Limoges pour une année, de la saint Jean-Baptiste 1536 à pareil jour de 1537. La commune lui fournit « une maison et lieu souffisant » pour la tenue des classes, et un traitement de trente livres à ajouter à « l'esmolument et salaire annuel que les maistres ont accoustumé prendre de chascun escolier ». Pomeranus ne garda pas longtemps ces fonctions qu'on voit données, le 19 août 1540, à Étienne Groulaud, maître ès-arts, lequel s'associa Nicole des Ytrins, aussi maître ès-arts et dut pourvoir les classes de régents capables de les tenir ouvertes aux heures accoutumées. On voit par l'acte de nomination de Groulaud, que la rétribution scolaire, qui devait se payer par quart et se percevait « à l'entrée de la porte des escholes », était fixée à 13 sols 4 deniers tournois (3fr.55 : environ 15 fr. d'aujourd'hui), « pour les grands escholiers estudians aux plus excellents poètes, orateurset aultres facultés »; à 10 sols (8fr.50 à 9 fr.) « pour les moyens qui estudient aux médiocres poètes et basse faculté »; à 6 sols et 8 deniers (7 fr.) pour les « aultres petits abécédaires » (2).

L'acte de nomination de François Veyriaud, docteur en droit, à la régence des écoles (7 octobre 1553), nous montre les officiers du roi de Navarre, vicomte de Limoges, adjoints, en vertu des droits seigneuriaux, aux consuls, pour fixer le taux de la rétribution scolaire. Il est dit que le recteur percevra la rétribution fixée « des escoliers dont il pourra se faire payer ». Enfin, comme la Réforme commence à agiter les esprits dans la province, les magistrats ont soin de stipuler que les maîtres auxiliaires choisis par Veyriaud, devront être « ydoines, capables et non sentant mal de la foy » (3).

Par ce que nous avons dit des écoles de Limoges, on a pu voir que ce n'étaient pas seulement des classes primaires, mais un véritable collège, comme, au surplus, les écoles de 1309 et de 1339, où l'on n'enseignait pas seulement la grammaire, mais la logique. Le Père Bonaventure de Saint-Amable, en signalant l'existence d'un collège à Limoges dès 1525, don-

---

(1) Registres consulaires, t. I, p. 279
(2) Ibid , t. I, p. 3 9.
(3) Ibid., t. I', p. 5.

ue donc une indication exacte en un certain sens; toutefois,
c'est à 1550 seulement que remonte le projet de fondation
d'un collège de plein exercice, et il n'est pas bien sûr qu'il ait
fonctionné avant 1582 ou 1583. En 1598, ce collège fut donné
aux Jésuites : il atteignit, entre leurs mains, à un haut degré
de prospérité. En 1620, on y comptait trente-deux professeurs et plus de mille élèves. Lors de l'expulsion de la compa-
gnie de Jésus, l'établissement fut confié à des prêtres séculiers.

Il n'entre pas dans le cadre de cette notice de parler des
collèges; nous nous bornerons à donner ici, par ordre alpha-
bétique, le relevé de ceux dont l'existence a été signalée
dans les deux diocèses de Limoges et de Tulle, avec la date
de leur fondation ou du plus ancien document qui les
nomme (1) :

1. Auzances (1706, séculiers); 2. Beaulieu (1670, bénédictins); 3. Bellac (1648, doctrinaires, prêtres séculiers); 4.
Brive (1581, municipal, jacobins, doctrinaires); 5. Brive
(petit séminaire de La Marque, av. 1647); 6. Brive (petit
séminaire de Cublac, 1669); 7. La Courtine (1746, séculiers); 8. Le Dorat (1579, puis 1682, séculiers); 9. Le Dorat (1650, petit séminaire); 10. Eymoutiers (vers 1760, séculiers); 11. Egletons (essai d'établissement d'un séminaire
avant 1650, signalé par M. l'abbé Poulbrière dans son
Histoire du Diocèse de Tulle, p. 281, 282); 12. Felletin (fin
du xvie siècle, prêtres séculiers; est-il distinct du petit séminaire, 1685?); 13. Guéret (1710, jésuites); 14. Guéret (Petit
séminaire, barnabites, 1699); 15. Limoges (1525 ou 1550,
municipal, jésuites, prêtres séculiers); 16. Limoges (av. 1650,
jacobins); 17. Limoges (séminaire, 1661); 18. Magnac-Laval
(1664, sulpiciens, prêtres séculiers); 19 Magnac-Laval (séminaire, 1661); 20. Mortemar (xive siècle, augustins);
21. Rochechouart (collège calviniste, fin du xvie siècle) (2);
22. Saint-Junien (vers 1650, séculiers); 23. Treignac (1662,
doctrinaires, prêtres séculiers); 24. Tulle (vers 1580, séculiers, jésuites, théatins); 25. Tulle (séminaire, 1674);
26. Ussel (1617, séculiers); 27. Ventadour? (1617) (3).

---

(1) Les dates et les indications entre parenthèses sont presque toutes em-
pruntées à M. A. Leroux (*Documents historiques*, t. II, p. 263 et suivantes.
(2) Il y eut un autre collège à Rochechouart, doté de 1500 livres de revenu
et qu'en 1762 la ville offrait aux Dominicains.
(3) M. l'abbé Marche parle de la création, à Argentat, vers 1690, d'un collège de Franciscains pour l'enseignement de la jeunesse. Cet établissement
fut-il fondé? — D'autre part, M. Pérathon nous apprend que les Récollets
d'Aubusson enseignèrent les humanités et la philosophie.

Presque partout, la création d'un collège eut pour consé-
quence la suppression des écoles publiques, dont le nouvel
établissement absorba les ressources, et la ruine des écoles
privées. Dans toutes les petites villes, à peu d'exceptions
près, le régent de sixième était en même temps maître d'écriture et au besoin de lecture, et attirait ainsi au collège la
clientèle de ceux-là, tout au moins, dont les enfants devaient
pousser leurs études au-delà de l'enseignement très rudi-
mentaire des petites écoles. Ces dernières, du reste, furent souvent placées dans la dépendance des principaux des collèges.
C'est ainsi qu'à Limoges, dès 1587, il est ordonné, par les
consuls, que les maîtres de la ville, Arnaud Flammart et
autres, mèneront leurs élèves au collège et paieront une
rétribution aux régents. Un peu plus tard, les Jésuites exigè-
rent qu'on leur abandonnât la direction des petites écoles,
se réservant de les confier à « quelque honnête homme,
laïque, de leur choix ».

Nous trouvons, dans l'étendue de l'ancien diocèse de Limoges, la mention trop brève de bien des écoles dont nous
ignorons le caractère. Citons : en 1406, celles de Nontron,
qui ont à cette époque pour recteur Jacques Codet, maître
ès-arts (1); en 1430, celles de Pierrebuffière, alors dirigées
par Pierre Hugon, dit Genaud (2); en 1442, celles de Tulle,
installées sur la place de la Bride (3); en 1550 celle d'Aubusson (4); à la fin du xvie siècle, celles d'Argentat (5);
elles ont vraisemblablement le caractère d'écoles publiques,
d'établissements officiels et sont entretenues soit par les
communautés, soit par les seigneurs et dignitaires laïques ou
ecclésiastiques, comme celles qui existent à Guéret, dès
1425, et qui sont placées sous la direction du Prieur (6).
— Quelques-unes des écoles que nous rencontrons dans les
petites localités ont été créées pour indemniser les habitants de la suppression d'une maison religieuse où leurs

(1) LAUGARDIÈRE, *Notes historiques sur le Nontronais*, p. 94.
(2) *Predictus Geraldus, filius meus, incepit ire ad scolas Petri Hugonis
vel Gonau, de Petrabufferia, die* xii° *mensis marcii, anno Domini millesimo
quadringentesimo tricesimo* (Chron. de Gérald Tarneau, publiée par M. A.
Leroux),
(3) *Super plateam nuncupatam* de La Bride, *ubi tenentur prime scole* (acte
cité par M. René Fage : *Le Vieux Tulle*, p. 120.
(4) C. PÉRATHON, *Histoire d'Aubusson*, p. 199.
(5) « La maison de Las Escollas » (EUSÈBE BOMBAL, *Hist. d'Argentat et de
son Hospice*, p. 175).
(6) DE CESSAC, *Quelques notes sur l'église de Guéret*, p. 51.

nfants pouvaient auparavant recevoir un peu d'instruction.
insi, lors de l'union au séminaire de Limoges des offices
austraux et de la mense conventuelle de l'abbaye de
igeois, 150 livres de rente perpétuelle sont prélevées
t affectées à une école. En 1769, les habitants doublent
ux-mêmes cette somme, à la condition que le maître
struira gratuitement la jeunesse et pourvoira à l'entretien
u local. En 1773, quand Grandmont est supprimé, on stipule
u'un maître d'école sera établi à perpétuité, aux frais et à la
omination de l'évêque, « pour fournir l'instruction gratuite
ux garçons et à tous les pauvres du lieu de Grandmont et des
épendances de l'abbaye ».

Parmi les écoles ayant un caractère officiel, il ne faut pas
ublier celles des hospices. Il est souvent parlé, aux registres
es délibérations du Bureau de l'Hospice de Limoges, du
précepteur des petits enfants », chargé de les instruire, de
eur apprendre à lire et à écrire, à prier Dieu « d'empêcher
u'ils ne sortent et qu'ils ne fassent aucun désordre, de tenir
a main à ce que la salle soit propre et leurs lits faits tous
es matins » (1). L'administration n'eut pas toujours la main
eureuse dans le choix du titulaire de cet emploi.

D'autres écoles sont dues simplement à la libéralité de quel-
ue riche, pieux et charitable, qui a assuré l'avenir de sa fon-
ation en fournissant les ressources nécessaires pour l'acqui-
tion ou le loyer de la classe et le traitement d'un instituteur.
C'est ainsi qu'à la date du 27 septembre 1747, l'abbé Jean-
aptiste Dubois, chanoine de Saint-Honoré de Paris, fonde,
ar acte passé devant deux notaires du Châtelet, « l'établis-
ement d'un maître et d'une maîtresse d'école en la paroisse
'Allassac, pour y enseigner à lire et à écrire aux jeunes
arçons et filles et les instruire des principes de la religion...
e maître à raison de 300 livres, et la maîtresse à raison de
00 livres d'appointements par chacun an ». Il affecte, à cette
ndation, plusieurs rentes et immeubles qui seront jouis en
ute propriété par la communauté d'Allassac : « moyennant
uoi les habitans présens et futurs de la dite communauté à
erpétuité seront tenus de fournir, à compter du 1er octobre pro-
ain, dans la ville d'Allassac, deux logemens convenables
parez ». Le choix et la nomination des maîtres appartien-
ront aux habitants qui y procèderont, en assemblée, à la plu-
alité des voix. L'excédant des fruits des immeubles et ren-
s donnés par le fondateur, sera employé à fournir au

(1) A. LEROUX, Inventaire des archives hospitalières, série B, *passim.*

maître et à la maîtresse « les petits meubles nécessaires pour leur habitation. »

Ces conditions avaient été acceptées par les habitants réunis au son de la grande cloche, au devant de l'église paroissiale, en présence du juge du lieu, le 29 janvier 1747 (1)

La fondation fut exécutée, et, quelques années après, nous voyons les habitants en pleine jouissance de leurs droits révoquer par un vote unanime, en assemblée de communauté, la demoiselle Bonnet, institutrice, et la remplacer par demoiselle Anne-Marie Pomachis (2).

Ainsi constituée, cette école est une véritable école communale laïque. — Bien d'autres ont le même caractère, celle par exemple établie à Dun-le-Palleteau au milieu du siècle dernier. Le *magister* en titre, trouvant sans doute le métier trop peu lucratif, s'était retiré ; les habitants confièrent ses fonctions à un jeune homme de dix-huit ans, le mercier Pimpaneau, dans l'espérance que « par une grande application, en enseignant il apprendrait lui-même. » Cette espérance fut déçue, et les Dunois se décidèrent à appeler, en 1755, un instituteur de profession, Quirin Bouchenoire, qu'ils firent venir de Saint-Marcel en Berri, pour trois mois, à titre d'essai, s'engageant à lui payer un traitement. Bouchenoire se trouvait dans les meilleures conditions, ayant une femme « capable d'enseigner les filles ». Et cependant il ne paraît pas avoir été heureux à Dun ; c'est par ses doléances que son séjour dans cette ville nous est révélé (3).

Une partie des maîtres d'école que nous trouvons mentionnés au siècle dernier sont entretenus par les monastères ou les chapitres, et ont par conséquent un caractère officiel. Tel est cet honnête Jean-Thomas Fesneau, nommé, en 1779, par M. de Montesquiou, abbé de Saint-Martial, au poste de « précepteur et régent latin pour enseigner la jeunesse à La Souterraine », et que nous voyons, après l'approbation par l'évêque de sa nomination, se présenter assisté d'un procureur en l'auditoire de cette ville, devant le subdélégué de l'intendant et le juge du lieu, exhiber ses lettres et requérir d'être installé dans sa charge : il est fait droit à sa requête après qu'il

(1) Archives Haute-Vienne, fonds de l'Evêché, liasse 76, prov.
(2) Archives Hte-Vienne, fonds de l'Evêché, liasse 76, prov.
(3) Archives Hte-Vienne, fonds de l'Évêché, liasse 792, prov. — Notons qu'à Allassac, en 1562, les habitants avaient mis en demeure l'Evêque de Limoges, leur seigneur, de pourvoir à l'instruction de la jeunesse et à beaucoup d'autres devoirs que lui et ses codécimateurs négligeaient (CHAMPEVAL

prêté le serment de bien et fidèlement remplir ses fonctions
de précepteur et de n'enseigner rien qui soit contraire « à la
sureté de la religion et aux ordonnances de nos rois » (1).
On ne se passera pas sans que Fesneau se soit plaint à l'évêque de la concurrence qui lui est faite par les Malherbaud,
prêtres communalistes, qui donnent des leçons de latin...

Tel est encore ce Marin Chanaud, « précepteur en langue latine, lecture, écriture et arithmétique » à Saint-Vaury,
lequel a été « engagé » par les habitants de cette ville
à l'effet d'y instruire la jeunesse tant sur les principes de la
langue latine, lire, écrire, *ortographer* et chiffrer », mais
qui reçoit sur les revenus de l'abbaye de Saint-Martial, dont
la prévôté de Saint-Vaury est un membre dépendant, une
rente de douze setiers de blé seigle fondée en faveur d'un
précepteur et à la charge, par lui, de donner *gratuitement*
instruction à quelques enfants pauvres (2). — Un sieur
Lasalle tient déjà école dans ces conditions à Saint-Vaury
en 1685 (3). — Chanaud adresse, en 1777, une requête éplorée
à l'évêque, se plaignant d'abord de n'avoir reçu aucun
-compte sur la rente fondée, ensuite de ne voir venir
son école qu'un petit nombre d'élèves. Une concurrence
à prix réduits lui enlève le meilleur de sa clientèle ; en face
de son école en a surgi une autre, celle du sieur Valleix,
barbier et marchand de la ville, « sans capacité, sans expé-
rience, ne sachant quasi lire et écrire », et néanmoins
s'ingérant dans l'art d'enseigner ». L'évêque voudra bien
interdire cet instituteur de contrebande. — Notons que Chanaud a été précédemment maître d'école à Brigueil.

Comptons aussi parmi les écoles ayant un caractère officiel
ou corporatif les écoles confessionnelles : les Protestants en
établirent plusieurs dans la province, aux XVIᵉ et XVIIᵉ siècles ; on en trouve à Argentat, à Aubusson, à Rochechouart.

A la même catégorie d'instituteurs paraît appartenir une partie, au moins, des maîtres d'école et écrivains dont les noms
ont été relevés aux registres paroissiaux du Dorat : ceux au
moins de J.-B. de Forges, 1693; René Hardy, 1699 ; Ch. Bordas,
1707; Mosnier, 1756; P. Carré, 1735 ; Baugé, Gabriel et Ch.
Carré, 1769, etc. (4).

Notre confrère J.-B. **Champeval**, avocat à Figeac, a relevé,
au cours de ses patientes recherches dans les registres pa-

(1) Archives de la Haute-Vienne, fonds de l'Évêché, liasse 164 prov.
(2) *Ibid.*
(3) Archives Hte-Vienne, fonds de Saint-Martial, 1383, prov.
(4) A. LEROUX, Registres paroissiaux du Dorat (*Bull. de la Société archéo-
gique et historique du Limousin*, t. XXIX, p. 143).

roissiaux de la Corrèze, les noms d'un très grand nombre de
maîtres d'école, et par conséquent ta preuve de l'existence
d'un grand nombre d'écoles, aux deux derniers siècles.
Plusieurs de ces instituteurs n'avaient sans nul doute
aucun titre officiel; mais beaucoup devaient enseigner
avec une investiture et des subventions soit du seigneur
ecclésiastique ou laïque, soit du curé, le plus souvent
de la communauté des habitants. Mentionnons après
M. Champeval les écoles d'Allassac (F. Bernard, maître
régent, 1650; P. Andrieu, maître d'école, 1760 ; P. Grivel
1771) ; de Beynat, (M. A. Rouffye, 1674) : de Brignac (A. Sé
géral. 1770); de Boutezac (F. Viellaud, 1775); de Champagne
La Nouaille (L. Malèzes. 1687); de Collonges (régent de lati
nité en 1756); de Donzenac (J. de Rozier, 1672); d'Egletons
(1639, M. Desplas; 1695, G. Boyrie, 1708, J. Dusol; 1734
J. Bargy); de La Graulière (P. Boulhac, 1665) ; de Hautefage
(H. Roufianges, 1747); de Juillac (1750 et J.-B. Jaragosse,
1758); de Lubersac (1641 et 1777): de Meyssac (1770; Audinel
1786, et J. Bourrès, 1787); de St-Antoine d'Ussac (1573); de
Saint-Augustin (V. Mire, 1690: N. Chastaignol, 1736); de
de Sainte-Fortunade, (P. Dupuy, 1741); de Saint-Robert
(J. du Meyny, 1632): de Treignac (E. Daudy, 1782); de
de Turenne (1785, J. B. Verdier et en 1789, des femmes); de
Vart (Jean Charo? 1455); de Sainte-Féréole (1610, Vertougy)
de Corrèze (1628, Terriou); de Chenalier (1750, Reyet); de
Tudeil (1775, Delpeuch), etc. Dans la Creuse, notre con
frère signale une école à Jarnages dès 1448; une à Chambon
en 1720; à Saint-Fiel, en 1749; à Boussac, en 1762;
Bourganeuf en 1780, etc. M. Champeval donne en outre
les noms de plusieurs maîtres d'école de Tulle, de Brive, de
Beaulieu, de Vigeois, d'Uzerche, et tire, avec raison, une
induction favorable à l'abondance des écoles au dernier
siècle, de ce fait, que les feuilles destinées à recevoir les
procès-verbaux et notes des visites épiscopales de Mgr d'Ar
gentré, évêque de Limoges, portent, pour chaque paroisse,
la rubrique imprimée : *Seigneur* : N... — *Décimateur* : N
— MAITRE D'ÉCOLE : N... (1). Au surplus une déclaration du
roi, du 14 mai 1724 avait prescrit l'établissement d'écoles
dans toutes les paroisses, « à charge d'imposer les habitants»

L'enseignement privé a existé de tout temps à côté de l'ensei
gnement public plus ou moins officiel. Plusieurs saints Li
mousins se donnèrent la mission d'instruire les pauvres. Au

(1) CHAMPEVAL, *L'Instruction avant* 89.

xi° siècle, saint Théobald, chanoine du Dorat, se voue à l'instruction des clercs grossiers et de dur entendement. Il n'accepte aucune rétribution, et l'hagiographe fait remarquer que telle n'était pas alors la coutume des précepteurs : ceux-ci sachant se faire très bien payer de leurs soins (1). Vers 1150, un clerc du nom de Bertrand, natif de Civray, vient s'établir dans la ville de Beaulieu et ouvre un cours de théologie et de morale (2). Une femme met, en 1356, son fils en pension chez le curé de Saint-Laurent, qui l'instruira dans « l'art clérical » (3). Nos livres de raison nous fournissent les noms d'un grand nombre de maîtres de petites écoles et de précepteurs. Les premiers sont souvent des prêtres, les seconds des étudiants pauvres qui, en se plaçant dans une famille, ont surtout pour but d'alléger les dépenses occasionnées par leurs études à leurs parents peu fortunés (4).

Nombreuses sont, au xviie siècle, ces petites écoles à Limoges. Les deux seuls livres de raison de Jean et Joseph Péconnet nous font connaître celles de M. Cibot, vicaire de Saint-Pierre (1670), d'un autre prêtre de la même église, M. du Trucil (1673); celles de M. de Lavie, Rochelais, probablement un laïque (1671); de M. Maillot (1677); de M. Nivet (1688). N'oublions pas deux maîtres écrivains : Bayle (1683) et Mortemart (1690), qui apprennent aussi « à lire et à chiffrer ». Le prix de ces leçons est fixé à peu près partout, dans les écoles où l'on enseigne un peu de grammaire et de latin, à trente sols par mois. Le maître écrivain Bayle, dont le ministère est sans doute considéré comme moins relevé, ne prend que vingt sols. A Brive, en 1627, Jacques Treilhard ne donne au maître d'écriture chez lequel il envoie sa fille que seize sols. Dans la seconde moitié du xviie siècle, à Limoges, des répétitions de philosophie se paient cinq livres par mois et des leçons de droit données par un avocat de la ville, de cinq à six livres. A Poitiers, les répétitions des étudiants sont tarifées au double.

Plusieurs des enfants de Jean Péconnet et de Jacques Treilhard sont mis en pension chez des ecclésiastiques : —

---

(1) *Quosdam clericos rudes et idiotas enitebat... quos litteras et psalmodiam edocebat quique propter ingenii tarditatem ei multum negocii facesscbant. Nec ab eis stipendium aut mercedem ut solemne est preceptoribus exigebat; sed ut gratis acciperent, gratis etiam dabat.*
(2) DELOCHE, *Cartulaire de Beaulieu*, introd., p. LXXXII.
(3) *Per eumdem capellanum docendum et erudiendum in arte clericali* (Bibl. nationale, coll. Moreau, t. CCCXXXVI, fol. 176 et suivants).
(4) *Livres de raison des familles* BALUZE, de Tulle; TREILHARD, de Brive, PÉCONNET, de Limoges, etc.

chez M. Juge, curé de St-Sornin de Larche; chez M. Martialot, à Solignac; chez M. Brun, curé de Saint-Martinet; chez M. Chazaud, au Pont-Saint-Martial. La pension varie de 80 à 100 livres. Au collège de Magnac-Laval, elle est de 36 livres par quartier : 120 livres par an, déduction faite des vacances. Vers la même époque, un Ruben d'Eymoûtiers paie au prêtre Pinchaud, à Limoges. par an, 55 écus pour la pension de son fils Jacques-Joseph. En 1771, le seigneur de la Chassagne paie à un S^r des Borderies, vicaire à Chamboulive et docteur en théologie, 160 livres par an pour instruire, nourrir et enseigner ses deux fils (1).

Les registres paroissiaux et les manuscrits de Nadaud nous donnent le nom d'autres instituteurs de Limoges : Gilbert Brun de Buller, « hibernois » (1664-1671), Gaspard Pallier (1668), Martial Cibot (1672), Balthazar Boisse (1673), Léonard Veyrier (1681), François Dumas (1729), Chambon (1742), Maisonnade, etc. (2).

Au xviii° siècle, nous trouvons établies dans divers quartiers de la ville de véritables institutions recevant des écoliers et des pensionnaires qui fréquentent les cours du collège. Telle est celle de M. Rigoudie de Lespinasse, où le prix de la pension est fixé à 350 livres « y compris le papier, l'encre, les plumes, la poudre, la pommade et un perruquier qui coiffe MM. les pensionnaires les dimanches et fêtes et deux fois la semaine », — et celle de M. Méline, ancien titulaire de la préceptorale de Saint-Yrieix, « où l'on reçoit les logiciens et les physiciens pour le prix de 303 livres ».

Ajoutons qu'il y avait dans un certain nombre de localités de petites écoles de garçons tenues par des femmes. On a signalé une mention de celles qui existent à Ussel, en 1779, et qui paraissent faire concurrence à la classe de lecture du collège.

Nous avons trouvé l'enseignement officiel, communal, organisé pour les garçons dès le moyen-âge. Rien de semblable pour les filles. Il n'y a pas sous l'ancien régime, dans notre pays du moins, d'établissement officiel d'instruction qui leur soit destiné; l'enseignement corporatif y supplée.

Les établissements d'instruction pour les filles furent

(1) CHAMPEVAL, *L'Instruction avant 89.*
(2) Voir nos *Livres de raison, registres de famille et journaux individuels Limousins et Marchois,* p 69 et suivantes : 330 et suivantes, etc.

longtemps en bien petit nombre. Dans presque tous les
monastères de femmes on recevait des pensionnaires et on
se chargeait de leur éducation. Le programme de l'enseignement était sans doute peu compliqué. — De maisons spéciales où l'on instruise les jeunes filles, nous n'en rencontrons que fort tard en Limousin. La pension de l'abbaye
bénédictine de Notre-Dame de la Règle à Limoges, dont les
religieuses portaient les noms les plus illustres de la province, jouissait, dès le xvie siècle, d'une certaine réputation.
Au xviie, on la voit recevoir indistinctement les demoiselles
nobles et les filles des bourgeois de Limoges. On n'accepte
pas d'élèves trop jeunes et les pensionnaires ne peuvent
demeurer dans le couvent au-delà de l'âge de vingt-cinq
ans (Statuts de 1645). En 1664, le prix de la pension, pour
une enfant d'une douzaine d'années, est fixé à cent livres. —
C'est le seul établissement d'instruction pour les filles qu'on
puisse, avec quelque vraisemblance, faire remonter au
moyen-âge. Chose singulière, la première école établie
dans un monastère de femmes dont l'existence nous soit
révélée en Limousin se trouve être une école de garçons :
nous avons vu plus haut, en effet, que les statuts de 1339
permettaient aux religieuses de la Règle de donner l'instruction à un petit nombre d'enfants jusqu'à l'âge de huit ans.

Les Grandmontaines du Châtenet et les dames de Fontevrault
de Boubon recevaient des pensionnaires comme la Règle.
Ces élèves appartenaient en général à de bonnes familles
et le prix de leur pension contribuait à atténuer le fâcheux
état des finances de ces communautés. — Boubon passait pour
une très bonne maison d'éducation; le prix de la pension
était modique au xviiie siècle : 10 livres par mois.

L'enquête faite, en 1530, contre les religieuses fontevristes
de Blessac, près Aubusson, prouve qu'il existait une école
dans ce monastère (1).

Les Filles-de-Notre-Dame, établies à Limoges en 1634,
avaient aussi des pensionnaires et en assez grand nombre :
elles paraissent avoir tenu de bonne heure une école de filles
pauvres. Elles possédaient, en outre, des maisons à Saint-
Léonard (1652), à Saint-Junien (1660), à Tulle, à Bort
(1702), et comptaient dans la province, en 1698, quatre-vingts
religieuses (2). La communauté de Sainte-Claire de Limoges,

(1) Leroux et Bosvieux, *Chartes, Chroniques et Mémoriaux*, p. 167.
(2) Rapport de M de Bernage, intendant de Limoges (Leroux, Molinier,
et Thomas : *Documents historiques*, t. II, p. 83), et P. Laforest, *Limoges au*
xviiie siècle, p. 334, 336, 357, etc.)

établie en 1619, paraît s'être aussi occupée d'instruction. Du moins M. Laforest l'affirme-t-il dans son beau livre, *Limoges au xvii° siècle* (1). M. Champeval a trouvé douze écolières chez les clarisses de Tulle, en 1613 (2). Il faut aussi mentionner l'école de l'hospice de Limoges, à laquelle se réfèrent plusieurs passages de l'*Inventaire des archives* récemment publié, et qui était confiée à une religieuse de la communauté de Saint-Alexis.

L'honneur d'avoir créé, dans nos villes, les premières écoles pour les filles pauvres et pour celles des classes laborieuses, revient aux Ursulines, dont la congrégation, fort populaire autrefois dans notre province, comptait, dès la fin du xvii° siècle, dans les diocèses de Limoges et de Tulle, plus de trois cents religieuses (3).

Brive posséda la première maison de Sainte-Ursule établie en Limousin. Elle la dut aux libéralités d'Antoine de Leslang, dont le testament, daté de 1607, a été plusieurs fois publié (4). Il n'est pas inutile de rappeler qu'à l'enseignement de la lecture, de l'écriture, et des principes de la religion, les Ursulines ajoutaient celui des divers travaux d'aiguille (5).

Le couvent de Tulle fut fondé à l'instigation d'un futur oratorien, Malaurie, et avec l'appui du lieutenant général Pierre de Fénis, l'homme le plus considérable de la ville à cette époque. Le grand-père de l'historien Baluze fut chargé d'aller chercher à Clermont, « dans le carrosse de Mme de Montfort », (6) les trois religieuses qui devaient être les premières maîtresses des « pauvres écoles ». Elles arrivèrent à Tulle au mois de septembre 1618, et ouvrirent leurs classes le 4 novembre suivant. Après avoir longtemps vécu dans une misère inexprimable, la communauté de Sainte-Ursule connut des jours de grande prospérité. Elle compta jusqu'à cent religieuses. L'école avait été pleine dès les premiers jours.

(1) *Limoges au xvii° siècle*, p. 514 et 112.
(2) *L'Instruction avant 89.*
(3) 165 dans le diocèse de Limoges (Rapport de M. de Bernage), — 100 dans la seule maison de Tulle (R. FAGE, *le Vieux Tulle,* p. 349).
(4) Marche : Les Ursulines et les Doctrinaires (*Bull. de la Société des lettres, sciences et arts de Tulle,* t. III, p. 151).
(5) *Tenerioris etatis puellas doctrine christiane rudimentis, pietatisque exercitiis et probis moribus informare, ac legendi, variisque acu laborandi formis sexus hujus modi convenientibus* (Bulle d'Urbain VIII, 1625. — LEGROS, *Mélanges* mss., t. III).
(6) *Livre de raison des Baluze,* publié par nous (*Bulletin de la Société des Sciences, belles lettres et arts de Tulle,* t. IX, p. 558).

La communauté de Limoges fut une fille de la maison de
Brive. Les débuts ne furent pas moins modestes et moins
pénibles que ceux du couvent de Tulle : on vécut de
pain noir et parfois même le pain manqua dans le monastère de la rue Banléger. Mais les courageuses institutrices du peuple virent bientôt luire de meilleurs jours, et dès
1621, une donation que leur fit de ses biens Françoise
Chambinaud, veuve de Martial Guibert, avant de prendre le
voile, leur permit de mettre leurs écoles sur un pied conve-
nable. Cette maison, qui avait treize religieuses en 1625, en
comptait quarante-sept en 1743 (1).

Il y avait, dès 1698, des Ursulines à Eymoutiers, à Beaulieu, à Ussel, à Argentat ; elles paraissent avoir fondé, au
siècle suivant, plusieurs autres maisons prospères dans
la province.

Les écoles des Ursulines étaient organisées avec beaucoup
de soin. En 1769, on trouve au couvent d'Eymoutiers
une préfète des classes, deux régentes à la haute classe,
deux régentes à la basse classe, trois maîtresses des pensionnaires, deux sœurs aidant au pensionnat (2).

Les religieuses de la Visitation Sainte-Marie, venues de La
Châtre et autorisées en 1643, s'établirent à Limoges en
1644, dans la maison du premier président Périère (3) ; elles
comptaient, un siècle plus tard, cinquante religieuses, et
avaient un assez grand nombre de pensionnaires. Dès 1644,
on les trouve également à Tulle, appelées de Périgueux par
Mgr de Genouilhac.

A Tulle encore fut fondée, en 1704 ou 1705, une communauté de la congrégation des Sœurs de la Charité et de l'Instruction chrétienne de Nevers qui, suivant les statuts de leur
ordre, ouvrirent une école gratuite ; elles y joignirent bientôt un petit pensionnat et la direction de l'hôpital (4). Brive
(1740), Bourganeuf (1773) en possédèrent également.

Bellac, qui avait des « régentes », fondées par le testament de Jean de Mallevaut, évêque d'Olonne (1683), vit s'établir aussi, en 1745, des Sœurs de la Croix. La Souterraine en
eut dès 1682, et des témoignages contemporains attestent qu'elles y avaient bien réussi. Dès 1700, une école tenue

(1) Legros, *Mélanges manuscrits,* t. III, p. 291. — Laforest ; *Limoges au*
xvii° *siècle,* p. 115, etc., etc.
(2) Archives Hte-Vienne, Evêché, 2296 prov.
(3) Manuscrit de P. Mesnagier, à la Bibl. communale, p. 225, 2.6.
(4) René Fage : *Le Vieux Tulle,* p. 359, 374 et suiv.

par les mêmes religieuses existe à Aubusson (1). On en connaît en 1713, à Ahun ; en 1722, à Guéret (2).

On trouve en 1632, à Magnac-Laval, des filles de La Croix, vouées à l'instruction des filles pauvres et entretenues par une fondation ; de cette maison se détacha, en 1678, une petite colonie qui s'établit place de la Cité, à Limoges, se sépara complètement de la communauté mère trois ans plus tard. Ce couvent obtint, en 1647, des lettres patentes l'érigeant sous le nom de Filles de l'Instruction Chrétienne. Les registres de Saint-Pierre mentionnent. sous la date du 26 février 1708, la mort et l'inhumation d'une supérieure, Elisabeth Fèvre.

Il n'est permis de parler d'aucune bonne œuvre, d'aucun établissement pieux ou charitable, fondés à Limoges de la fin du XVIᵉ siècle à la fin du XVIIᵉ siècle, sans prononcer un des trois noms de Bardon de Brun, Marcelle Germain ou Martial de Maldent de Savignac. On ne lit ces noms sur aucune des plaques de nos rues ; mais l'histoire locale les répétera toujours avec vénération et saura les garder de l'oubli. C'est à Marcelle Germain que notre ville dut, en 1651, la création de l'orphelinat de Saint-Joseph de la Providence. M. Laforest nous apprend que ses premières coopératrices furent Catherine Lagrange, de Pierrebuffière ; Léonarde Felletin, d'Eymoutiers; Jeanne Besse, de Saint-Germain-les-Belles, et Anne Boulesteys, de Las Tours (3). Les orphelines recevaient une instruction analogue à celle des élèves des Ursulines.

Des fondations charitables d'une certaine importance furent faites à Magnac-Laval, au cours du XVIIᵉ siècle. Sans parler du collège, la fondation de Léonard Montandre, pour l'instruction des filles pauvres, fut accrue par les libéralités de la dame Charpentier. On doit à cette dernière, en 1689, une fondation pour l'entretien d'une personne chargée de « tenir école, apprendre les jeunes filles de cette ville à lire, prier Dieu, les principaux mystères de notre sainte foi et religion, les principes du salut, la digne réception des sacrements, à bien faire leur première confession et communion, l'éducation et correction des mœurs et la pratique des vertus chrétiennes. » Quinze filles pauvres au moins devaient profiter de cette fon-

(1) PÉRATHON, *Histoire d'Aubusson*, p. 288.
(2) Voir les Calendriers limousins de 1788 et 1789.
(3) LAFOREST : *Limoges au XVIIᵉ Siècle*, p. 387.

dation (1). **M.** Leroux a fait connaître la touchante institution du *Catéchisme des bergères.* — Nous avons déjà vu l'abbé Dubois créer une école de filles à Allassac et la pourvoir d'une maîtresse avec un traitement annuel de 200 livres. Les revenus des monastères supprimés furent parfois affectés à des fondations du même genre. Ainsi, lors de l'union de l'abbaye de Grandmont à la mense épiscopale de Limoges, il fut stipulé que deux sœurs grises seraient établies au bourg de Grandmont : l'une chargée de donner des soins aux malades et de distribuer des secours aux pauvres, l'autre d'instruire gratuitement les jeunes filles. — Les religieuses de Saint-Vincent-de-Paul appelées à Limoges peu avant la Révolution, ne paraissent pas y avoir ouvert de classes à cette époque.

Au Dorat, sur la demande expresse des habitants, exposant la difficulté de trouver « des femmes ou filles séculières capables de tenir écolles publiques pour instruire les jeunes filles, leur enseigner la doctrine chrétienne et les apprendre à lire et à écrire », — l'évêque autorisa, en 1656, les religieuses bénédictines du monastère de la Trinité à ouvrir une école et à y donner un enseignement conforme à celui que comportait les constitutions des Ursulines (2). Cet établissement rendit de grands services, et la petite noblesse et la bourgeoisie du pays protestèrent vivement, en 1752, contre le projet de suppression de la communauté.

Nous avons relevé les noms d'un bien petit nombre d'institutrices laïques. Notons que, dans la seconde moitié du XVIIe siècle, il existe, à Limoges, un pensionnat tenu par des demoiselles qualifiées de « filles dévotes », dénomination qui parait désigner le plus souvent des affiliées des tiers ordres, mais qui quelquefois aussi s'applique simplement à des personnes pieuses, vivant dans le célibat. L'établissement parait dirigé ou administré en 1668 par une demoiselle Second, et on paie 20 livres par quartier (3). — Au siècle suivant, quelques femmes de *magisters* tiennent de petites écoles de filles, et l'instituteur de Dun, Quirin Bouchenoire, fait valoir, en 1755, les capacités de son épouse pour l'enseignement, et le profit que tireront les familles de son installation dans la localité.

---

(1) Alf. LEROUX : L'Hospice de Magnac-Laval : *Bull. de la Soc. Arch.,* t. XXVIII, p. 164 et suivants.
(2) Arch. Hte-Vienne : Evêché, 1605.
(3) V. nos *Livres de raison limousins et marchois,* p. 315.

Nous n'avons pas de statistique générale de l'instruction sous l'ancien régime. On s'est demandé comment on pourrait y suppléer et par quelles recherches on arriverait à déterminer plus ou moins approximativement, pour les xviie et xviiie siècles tout au moins, le rapport ayant existé entre le nombre des personnes sachant lire et écrire et le chiffre de la population totale. Le problème est assurément plein d'intérêt ; mais il semble, de l'aveu des hommes les plus compétents, qu'on doive renoncer à en obtenir la solution. A défaut de renseignements précis, il faut s'en tenir à de simples indications, tirées de certains documents ayant un caractère général. Celles que fournissent les anciens registres paroissiaux, les répertoires de mariage surtout, sont les moins vagues. Si on prend la peine de dépouiller méthodiquement ces registres, et si, négligeant les signatures du prêtre et des témoins, qui peuvent se reproduire souvent, on s'en tient aux seules signatures des deux conjoints, on se trouvera en possession, non certes d'une statistique concluante, mais d'un élément d'appréciation non sans valeur. Il en aurait une très réelle si les registres avaient été toujours bien tenus ; mais il apparaît trop manifestement qu'il n'en a pas été ainsi.

En 1883, sur le désir exprimé par la Société Archéologique et encouragé par M. F. Buisson, inspecteur général de l'université, M. L. Galliard, inspecteur d'académie à Limoges, — dont le trop court passage a laissé dans le département les meilleurs souvenirs, — voulut bien adresser à tous les instituteurs du département une circulaire (1) pour prescrire le dépouillement, à des dates fixées par nous d'un commun accord, et à un intervalle moyen de vingt-cinq années, des registres de toutes les anciennes paroisses de la Haute-Vienne. Ce travail comprenait une période de deux siècles et demi, de 1600 à 1851 (2), et devait porter, à chaque terme indiqué, sur deux années consécutives : condition qui nous avait paru nécessaire pour rectifier les résultats d'une année exceptionnelle ou pour suppléer au défaut d'une année en lacune. A chacune des dates indiquées, trois totaux devaient être fournis : 1° le nombre des mariages célébrés dans la paroisse ; 2° celui des signatures de conjoints-hommes relevées au bas des actes ; 3° celui des signatures de conjoints-femmes.

---

(1) *Bulletin de l'Instruction primaire du département de la Haute-Vienne.* — Année 1883 : Janvier-février-mars, p. 55.
(2) Inutile de dire qu'à partir de 1800 le dépouillement était fait d'après les registres de l'Etat civil.

Ce dépouillement, que nous avions été chargé de suivre, fut effectué par MM. les instituteurs. Nous avons lieu de croire qu'il a été presque partout fait avec soin, et nous tenons à exprimer ici tous nos remerciements à nos utiles collaborateurs.

Dans les localités d'une certaine importance seulement, à Saint-Léonard, à Saint-Yrieix, à Saint-Junien, à Bellac et à Rochechouart, nous avions adressé personnellement un appel à la bienveillante obligeance des maires. Leur concours ne nous a fait défaut qu'à Saint-Yrieix, où M. Luc Gondinet nous a rendu le service de se charger du travail dont nous sollicitions sans succès l'envoi depuis bien longtemps. — Nous nous étions réservé le dépouillement des registres paroissiaux de Limoges.

Les résultats de cette enquête, dont le dossier est déposé, avec les états récapitulatifs, aux archives de la Société archéologique, sont publiés ici pour la première fois. Nous les avons réunis dans deux tableaux à la suite de cette notice. Le tableau A donne, par canton, le relevé des constatations faites pour chaque paroisse ; au tableau B on trouvera les relevés détaillés pour les diverses paroisses de Limoges et pour les villes et les principales localités de la Haute-Vienne.

Nous n'avons pas fait figurer à nos tableaux les résultats qui nous sont parvenus pour 1600, 1601, 1625 et 1626 ; ils sont en trop petit nombre et nous ont paru trop douteux.

Considérons, en premier lieu, les résultats généraux qu'accuse le tableau A et plaçons en regard les chiffres qui les résument, de façon à ce que le lecteur puisse se rendre compte du progrès lent, mais constant, de l'instruction dans le département de la Haute-Vienne. Nous constaterons les rapports suivants entre le nombre de signatures des conjoints et le nombre total des mariages :

		signatures d'hommes		signatures de femmes	
1650		5.7 p. %		3.8 p. %
1651	—	5.6	—	1.6
1675	—	7.02	—	4.1
1676	—	10.2	—	9.5
1700	—	8.7	—	5.7
1701	—	9.7	—	6.8
1725	—	10.02	—	5.8
1726	—	10.6	—	8.5
1750	—	8.2	—	5.4
1751	—	8.2	—	5.00

1789	signatures d'hommes	11.8 p. º/₀ signatures de femmes	8.2 p.º/₀	
1790	—	15.9	—	10.5
1800	—	10.3	—	7.6
1801	—	13.4	—	8.8
1810	—	13.7	—	9.6
1811	—	13.9	—	10.2
1825	—	16.8	—	10 9
1826	—	20.7	—	13.4
1850	—	26.5	—	15.4
1851	—	27.8	—	15.8

Si ces chiffres attestent que tout le monde s'est progressivement instruit, ils démontrent aussi que la progression a été bien moins lente pour les hommes que pour les femmes.

Si maintenant nous passons à l'étude des chiffres particuliers qui indiquent l'état de l'instruction dans chaque canton à diverses époques, et si nous examinons d'abord les résultats des années 1789 et 1790, pris ensemble, pour chacun de ces cantons, il nous apparaitra au premier coup d'œil que, dans l'arrondissement de Limoges, les cantons de Limoges, d'Aixe et de Saint-Léonard, — dans celui de Bellac, ceux de Bellac, Châteauponsac, Le Dorat, Magnac, Mézières, et Saint-Sulpice-les-Feuilles, — dans celui de Rochechouart, les cantons de Saint-Junien, Oradour et Rochechouart, — dans celui de Saint-Yrieix, les cantons de Châlus, Nexon et Saint-Yrieix donnent seuls, à cette date, une proportion d'au moins *dix* signatures d'hommes pour cent mariages. La proportion dépasse 14 p. º/₀ pour le canton de Bellac, 17 p. º/₀ pour celui d'Aixe, 18 p. º/₀ pour celui de Saint-Sulpice-les-Feuilles, 19 p. º/₀ pour celui de Châteauponsac, 20 p. º/₀ pour ceux de Saint-Léonard et de Saint-Junien, 35 p. º/₀ pour les cantons de Limoges.

Un siècle plus tôt, en 1700 et 1701, atteignent seulement cette proportion de 10 p. º/₀ de signatures de conjoints-hommes, par rapport au nombre total des mariages, les cantons de Saint-Léonard, Limoges, — Bellac, Bessines, Magnac-Laval, Mézières, Saint-Sulpice, — Saint-Junien, Rochechouart. Les cantons de Magnac-Laval et Saint-Junien dépassent 15 p. º/₀, Mézières, 20 °/º, Saint-Léonard, 22 °/º. Les cantons de Limoges ne donnent, pour 1700-1701, que 42 signatures d'hommes pour 380 mariages, soit un peu plus de 11 p. º/₀, mais en 1675-1676, ils en fournissent près de 24 p. º/º : 56 sur 237.

En 1700 et 1701, les cantons d'Ambazac, Laurière, Niéul, Nexon ne fournissent pas une signature (Châteauneuf n'a pas de registres, ou du moins on n'a pas relevé de mariages sur les fragments qui en restent). A ces dates nous n'avons noté, dans les cantons d'Aixe et de Saint-Mathieu, qu'une signature d'homme; dans le canton de Châlus. deux; dans le canton de Saint-Germain les-Belles, une d'homme et une de femme.

En 1789-1790, nous retrouvons encore le canton d'Ambazac avec une seule signature d'homme pour cent douze mariages; celui de Nieul avec une seule signature d'homme pour soixante-deux; Bessines n'a que deux signatures d'hommes pour cent vingt-un mariages.

Le rapport entre le nombre des conjoints hommes et le nombre des conjoints femmes qui ont signé leur acte de mariage est très variable. L'écart est souvent peu considérable.

En 1789-1790, le nombre des conjoints femmes ayant signé ne s'élève à 10 p. % ou plus que dans sept cantons : dans celui de Rochechouart, il dépasse un peu cette proportion; — dans celui d'Aixe, il dépasse 11 p. %; dans ceux de Bellac et de Saint-Sulpice-les-Feuilles, il dépasse 12 p. %; dans celui de Saint-Junien, il est de plus de 16 p. %; dans celui de Saint-Léonard, de 17 p. %; dans celui de Limoges, de 29. Il n'atteint pas tout à fait 9 % dans celui de Saint-Yrieix.

Si nous remontons à 1700-1701, nous trouverons que la proportion de 10 p. % pour les signatures des femmes n'est dépassée que dans deux cantons : Saint-Léonard et Mézières. Dans ce dernier canton, elle dépasse 20 p. %; mais le petit nombre de mariages compris au relevé (dix-huit pour les deux années), fait qu'il n'y a pas lieu d'attacher d'importance à ce résultat. A Saint-Léonard, on trouve plus de 18 p. %, et comme en 1675-1676, on relève seize signatures de femmes sur cent trente-deux mariages, c'est-à-dire une proportion de plus de 12 p. %, l'indication acquiert une certaine consistance.

Dans les deux cantons de Limoges, le nombre des signatures de femmes, en 1700-1701, est un peu supérieur à 9 p. %, mais n'atteint pas 10. En 1675-1676, il est de plus de 16 p. %. Dans celui de Pierrebuffière, il s'élève à un peu moins de 7 en 1789-1790 et dépasse 8 en 1700-1701.

Dans le canton de Bellac, la proportion, de 8 à 9 p. % en 1700-1701, est de 13 en 1675-1676. En 1700-1701, elle est de 9 dans celui de Saint-Junien; dans celui de Saint-Yrieix elle n'atteint pas 5 p. %,; dans celui de Magnac-Laval, où cependant nous savons qu'à cette date il existe plusieurs écoles, elle n'est pas beaucoup plus élevée.

Si nous passons maintenant au tableau B, nous y relèverons une proportion de signatures beaucoup plus forte que celle ressortant de nos moyennes totales. La vérité est que les signatures sont presque toutes fournies par les villes et les gros bourgs. En dehors de là, les conjoints sont illettrés, à très peu d'exceptions près.

En 1789-1790, à Limoges, 40 p. % des conjoints hommes ont signé leur acte de mariage; à Aixe, 50 p. %; à Pierrebuffière, près de 43; à Saint-Léonard plus de 37 p. %; à Saint-Junien, plus de 31 p. %; à Saint-Yrieix, près de 16%; au Dorat, près de 27; à Châteauponsac, près de 25; à Bellac, plus de 42; à Châlus, plus de 16; à Saint-Germain, 12; à Magnac-Laval, plus de 11; à Oradour-sur-Vayres, près de 10; à Rochechouart, en 1790, 50 p. %.

En 1700-1701, la proportion de 10 p. % est dépassée, pour les hommes, dans les villes de Limoges, Aixe, Pierrebuffière, Magnac-Laval, Saint-Junien et Peyrat-le-Château. A Aixe, l'observation ne porte que sur deux mariages et n'a pas de valeur. Mais il faut relever les chiffres pour Bellac (près de 12 p. %), Peyrat-le-Château (près de 14), Magnac-Laval (plus de 18); Saint-Léonard (plus de 25), Pierrebuffière (plus de 27) et Saint-Junien (plus de 33).

En 1675-1676, la proportion est, à Limoges, de 24 p. %; à Saint-Léonard, de 21; à Magnac-Laval, de 12; à Bellac, en 1676, de 29 p. %.

En 1789-90, les villes et gros bourgs, compris à notre tableau, où on relève le moins de signatures de femmes, sont : Peyrat-le-Château, Bessines, Magnac-Laval et Saint-Germain-les-Belles, Solignac. — Châteauponsac n'atteint pas 9 p. % du nombre des mariages ; Châlus et Eymoutiers n'arrivent pas à 10. — Saint-Yrieix dépasse 12; Le Dorat, 18; Saint-Junien, 23 ; Limoges, 33; Saint-Léonard, 34; Bellac 41, Pierrebuffière 43 et Aixe 44. En 1790, Rochechouart dépasse 43.

Les résultats de 1700-1701 sont fort modestes : à Magnac-Laval, 7 p. % des mariées seulement ont signé l'acte; à Bellac un peu moins; à Peyrat, à peu près p. 10 % ; au Dorat, un peu plus de 10 ; à Limoges, un peu plus de 11 ; à Saint-Junien, plus de 24 ; à Saint-Léonard et à Pierrebuffière, 27 p. %.

En 1675-1676, on compte à Limoges plus de *dix-sept* pour cent de signatures de femmes ; à Saint-Léonard, tout près de *dix-huit* ; à Magnac-Laval, moins de sept.

Si nous voulons mettre en regard, pour les hommes seulement, les résultats de 1700, ceux de 1790 et ceux de 1850, dans les villes, nous déduirons des chiffres portés au tableau B les proportions suivantes (en chiffres ronds) :

A Limoges	1700-1701,	12 %;	1789-90,	40 %;	1850-51,	56 %
A Aixe	—	50	—	50	—	33
A Eymoutiers	—	»	—	8	—	21
A Saint-Léonard. . . .	—	25	—	37	—	27
A Peyrat-le-Château. .	—	14	—	3	—	14
A Pierrebuffière	—	27	—	43	—	62
A Solignac.	—	»	—	»	—	23
A Bellac	—	12	—	22	—	54
A Châteauponsac . . .	—	8	—	25	—	53
Au Dorat.	—	8	—	27	—	79
A Bessines	—	7	—	2	—	72
A Magnac-Laval	—	18	—	11	—	62
A Saint-Junien.	—	33	—	31	—	29
A Oradour-sur-Vayres.	—	11	—	10	—	14
A Rochechouart. . . .	—	8	—	50	—	28
A Châlus.	—	»	—	16	—	20
A St-Germain-l-Belles.	—	»	—	12	—	31
A Saint-Yrieix	—	4	—	16	—	26

Qu'on ne s'étonne pas de constater que, dans quelques villes, la proportion des individus sachant écrire ait suivi une progression si lente ou même ait diminué d'une manière sensible, entre 1700 et 1850. — Qu'on y réfléchisse bien. Est-ce d'éléments riches et instruits ou d'unités pauvres et ignorantes que s'est accrue, entre 1750 et 1850, la population de nos centres industriels ?

La comparaison des chiffres respectifs fournis par les registres des diverses paroisses de Limoges, pourrait donner lieu à de curieuses observations. Quelle différence, par exemple, sous le rapport de l'instruction, entre les habitants des riches paroisses de Saint-Pierre et de Saint-Michel, où 30, 40, et même 50 % des conjoints signent leur acte de mariage, et les pauvres gens de l'Abbessaille, paroissiens de Saint-Domnolet, ou les jardiniers de Sainte-Claire de Soubrevas! Mais nous ne voulons pas allonger cette notice, et le seul examen de nos tableaux pourra suggérer bien des réflexions à tout esprit attentif.

2.

On doit faire, toutefois, nous l'avons dit plus haut et il convient de le répéter, d'expresses réserves sur l'exactitude des chiffres fournis par ces relevés. Le rapport du nombre des individus lettrés au chiffre total de la population que ces états semblent accuser, est notablement inférieur à ce qu'était ce rapport dans la réalité. En effet, le choix même de notre terrain d'observations a exclu de cette statistique la classe la plus généralement instruite de la nation : le clergé, séculier et régulier; et tout le monde sait combien il était nombreux en Limousin.

En second lieu, un grand nombre d'ecclésiastiques, surtout avant 1737, date à laquelle des mesures furent prises pour la tenue en double et la conservation des registres, ne présentaient point l'acte de mariage à la signature des parties : il est même vraisemblable qu'ils l'écrivaient hors de la présence des conjoints. Et même dans les registres où nous avons relevé quelques signatures auprès de celle du célébrant, nous avons pu aisément constater que celui-ci a souvent omis de faire signer les époux. Veut-on des exemples de ces omissions évidentes dans les églises où les registres sont tenus avec le plus de soin ? Au cahier des mariages de Saint-Michel-des-Lions pour l'année 1675, ni Charles de Chamberly, maitre chirurgien (20 août), ni Jean Boudet, notaire royal (6 novembre), n'ont apposé leur signature à leur acte de mariage. La signature d'un Beaubreuil, notaire, manque également au bas de son acte de mariage, même paroisse, 9 janvier 1701. Il serait facile de multiplier les citations.

C'est sous la réserve de ces observations qu'on pourra accorder quelque valeur à notre statistique et qu'il sera permis d'en citer les chiffres.

NOTA. — Il ne nous est donné qu'après la révision de nos épreuves, de pouvoir consulter dans son entier le très précieux travail de notre confrère et ami J.-B. Champeval sur l'*Instruction avant* 1789 (*Almanach de la Corrèze* pour 1889). Nous y trouvons la mention de curieux documents, corroborant ce que nous avons dit des droits que prétendaient avoir les seigneurs féodaux et dont ils jouissaient effectivement en matière de collation d'écoles : il cite entr'autres des lettres du vicomte de Limoges, datées de 1479 et portant défense de tenir classe sans sa permission expresse dans l'étendue de la châtellenie de Ségur, — et un mandement du même prescrivant, en 1470, à ses juge et capitaines d'Aixe, de faire jouir Michel Teilhou « de l'exercice des escholes » dont il l'a investi, et des droits et profits qui y sont attachés.

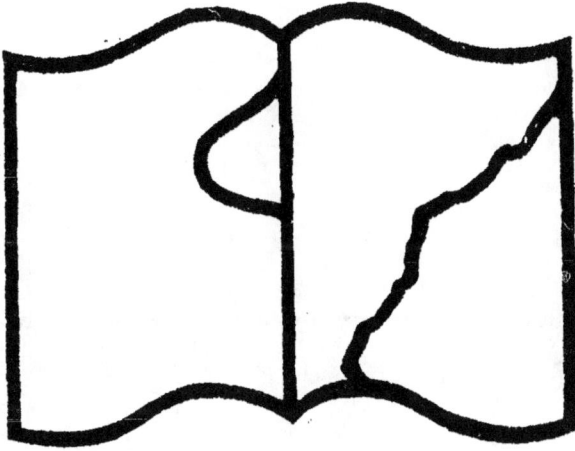

Texte détérioré — reliure défectueuse

NF Z 43-120-11

TABLEAUX INDIQUANT LE RAPPORT DU NOMBRE DES SIGNATURES [AD]JOINTS AU NOMBRE TOTAL DES MARIAGES ENTRE 1650 ET 1851

A. — RELEVÉ PAR CANTONS, POUR LE DÉPARTEMENT [DE LA HAUTE]-VIENNE (M. mariage - H. hommes, F. femmes)

CANTONS DU	1650			1651			1675			1676			1700			1751			1725			1726			1750			1775			1780			1800			1801			1810			1811			1825			1850			1851		
	M.	H.	F.	M.	H.	F.	M.	H.	F.	M.	H.	F.	M.	H.	F.	M.	H.	F.	M.	H.	F.	M.	H.	F.	M.	H.	F.	M.	H.	F.	M.	H.	F.	M.	H.	F.	M.	H.	F.	M.	H.	F.	M.	H.	F.	M.	H.	F.	M.	H.	F.	M.	H.	F.

(Cantons: Aixe, Ambazac, Châteauneuf, Eymoutiers, Laurière, Saint-Léonard, Limoges nord et sud, Nieul, Pierrebuffière, Bellac, Bessines, Chateauponsac, Le Dorat, Magnac-Laval, Mézières, Nantiat, Saint-Sulpice-les-Feuilles, Saint-Junien, Saint-Laurent-sur-Gorre, Saint-Mathieu, Saint-Yrieix, Rochechouart, Châlus, Saint-Germain-les-Belles, Nexon, Oradour-sur-Vayres, Saint-Yrieix)

B. — RELEVÉS PARTICULIERS DES VILLES ET DES [CANTONS] DU DÉPARTEMENT DE LA HAUTE-VIENNE

Ville de Limoges — Gde, faubourgs et hameaux:
1 Saint-Pierre-du-Queyroux, 2 Saint-Michel-des-Lions, 3 St-Sauveur-St-Aurélien, 4 Saint-Gérald, 5 Saint-Michel-de-Pistorie, 6 Hôpital, 7 St-Maurice-St-André, 8 St-Jean-en-St-Étienne, 9 Saint-Remould, 10 Saint-Julien-Sainte-Affre, 11 Saint-Paul-Saint-Laurent, 12 Saint-Christophe, 13 Saint-Félix-St-Lazare, 14 Ste-Madeleine-des Bergers, 15 Ste-Marie-d'Égypte, d'Ourrat, 16 Saint-Martin-de-Balzac, 17 Ste-Valère-de-Sonlèvres.

Principales villes du département:
1 Aixe, 2 Eymoutiers, 3 Sainte-Léonard, 4 Peyrat-le-Château, 5 Pierrebuffière, 6 Bellac, 7 Bessines, 8 Chateauponsac, 9 Le Dorat, 10 Magnac-Laval, 11 Saint-Junien, 12 Oradour-sur-Vayres, 13 Rochechouart, 14 Châlus, 15 Saint-Germain-les-Belles, 16 Nexon, 17 Saint-Yrieix.

NOTES ET SIGNES INDICATIFS

Le signe (+) indique que le curé ou les vicaires ont seuls, à cette date, l'habitude de signer au registre, et ne font pas signer les conjoints. Nous ne portons pas les résultats de ces registres, du reste en petit nombre, à notre statistique, antérieurement à l'année 1700.

(1) Registre où il est manifeste que le curé n'a exigé de faire signer un certain nombre de conjoints lettrés.
(2) Le chiffre de 39 qui figure à la marge droite du tableau statistique du mouvement de la population qui accompagne notre notice, sur les anciens registres paroissiaux des Limoges, est donné par erreur.
(3) Les registres manquent. Dans le tableau statistique joint à la notice dont il est parlé à la note précédente, nous avons indiqué 1 comme chiffre approximatif.
(4) C'est par une faute d'impression que le chiffre est rendu.
(5) Le tableau déjà signalé porte 2, chiffre erroné.
(6) Il est utile de rappeler ici que la paroisse de St-Étienne, comme celle de Saint-Thomas-d'Aquin.
(7) Il y a 219 numéros au registre, mais on est à annulé un.
(8) 245 numéros au registre, une annulation.
(9) 267 numéros, une annulation.

APPENDICE

I

Extrait d'une procédure suivie aux assises de Ségur entre le Procureur général de la vicomté de Limoges et Antoine de Bonneval, au sujet de la collation des écoles du bourg de Coussac (2 juillet 1481).

Super opposicionis causa que vertitur in presenti curia, inter nobilem et potentem virum dominum Anthonium de Bonavalle, militem, dominum dicti loci et de Blanchaford, et venerabilem virum magistrum Stephanum Tenentis, in legibus licentiatum, procuratorem generalem vicecomitatus Lemovicensis, inpetrantem, parte ex altera, super jure collacionis (?) scolarum loci et parochie (?) de Cossac .. Proposuit idem opponens quod castrum sive hospitium de Bonavalle, situm in loco de Cossaco, cum suis juribus et pertinenciis suis, ad ipsum militem spectat et pertinet, ac spectare et pertinere consuevit; de eodem que castro seu hospicio de Bonavalle, situato in loco de Cossac, fuit et est ipse miles verus dominus ac in bona possessione et saysina, paciffica et quieta seu quasi, una cum juribus, deveriis et aliis ad dictum hospitium pertinentibus. Item et vigeria et jus vigerii spectat et pertinet ad dictum Dominum de Bonavalle, in predictis loco et parrochia de Cossac ; de eodem que jure et officio vigerii fuit et est jus dandi et conferendi scolas magistris regere et tenere scolas volentibus in dicto loco et parrochia de Cossac, et hoc bonis et justis titulis, loco et tempore debitis, declarandis et specificandis. De dicto vero jure dandi et conferendi scolas in predicto loco et parrochia de Cossac, fuit et est ipse miles in bona posssessione et saisina, seu quasi, pacifica et quieta, et hoc tam per se quam per suos predecessores, a quibus jus et causam habet in hac parte, videlicet per unum, duos, tres, quinque, decem, viginti, triginta, quadraginta, centum et ducentum (sic) annos et ultra, et per tempus et tempora a jure sufficientia ad tale jus acquirendum suffectorum et sufficientium, et hoc per ultimos annos et annatas, et explecto et collacione et datione dictarum scolarum ultimo et ultimis. Item et in possessione et saisina

seu quasi inpediendi quoscumque ibidem volentes tener
scolas predictas, videntibus Domino vicecomite Lemovicens
moderno et suis predecessoribus ac suis indictis procuratoribus
aliis officiariis et servientibus ipsius Domini vicecomitis in dicta
castellania de Segur et nullum debatum opponentibus ; qua de
re ipse miles beue et debite actentis premissis se opposuit
contra inhibitionem et deffensionem sibi factam ne a cetero
et in futurum habeat dare et conferre scolas in dicto loco e
parrochia de Cossac, et contra quascunque alias inhibicione
sibi factas ; et ictus procurator male et indebite sibi fier
fecit dictam inhibicionem et alia explecta virtute dicti mau
dati : et quod est de codem in bona possessione et saisina
paciffica et quieta, seu quasi ; et quod ipse miles, racion
ipsius castri sive hospicii, est vigerius loci et parrochie d
Cossaco et in bona possessione et saisina, seu quasi, ipsius
hospicii, et quod habet jus ab omni evo dandi et concedend
quolibet anno in predicto loco de Cossaco scolas magistri
scolarum, pro ibidem tenendo et exercendo scolas sine debat
et impedimento quibuscumque ; et quod est in bona posses
sione et saisina premissa faciendi. Et ideo bene et debite e
ad bonum et justum. causam contra precepta et explectum
virtute dicti mandati factum se opposuit, petendo ita dic
et declarari et ipsum procuratorem retineri in emendam cu
expensis factis et fiendis protestando, et aliis juxta materia
subjectam concludendo pertinentibus (?)— N... Et ex parte ipsius
procuratoris dixit et proposuit quod castrum et Castellania d
securio cum suis juribus, prerogativis et pertinencis, justici
alta, media et bassa, mero et mixto imperio, et exercici
eorumdem ad egreginm dominum de Lebreto, vicecomiten
Lemovicencem spectat et pertinet, et spectare et pertiner
consuevit ab omni evo, et quod nullus alius habet jus se
privilegium dandi et concedendi scolas in dicta castellania se
juridictione, nisi ipse Dominus meus vicecomes, in cuju
vicecomitatu est ipsa castellania de Securio, estque etian
ipse locus seu parrochia de Cossaco situs et constitutus i
predicta castellania de Securio, et quod de omnibus et singuli
premissis est ipse dominus tam per se quam per suos prede
cessores, a quibus jus et causam habet, in bona possessio
et saysina paciffica et quieta, seu quasi ; et quod alias, vivent
quondam domina mea Margarita de Chouviguy, vicecommitiss
Lemovicensi, fuit appunctuatum quondam domino de Bon
valle, predecessore ipsius Domini moderni, presente, qu
aliqualiter apponebat debatum in concessione dictarum scol
rum, quod a cetero nullas scolas concederet seu daret ipse d

Bonavalle in dicto loco de Cossaco. ymo permicteret uti, et gaudere ipsam quondam Dominam vicecomitissam de jure suo et prerogativis dicte sue castellanie. Dixit que ulterius ipse procurator impetrans quod hospicium de Bonavalle non est castrum, nec debet dici castrum, quia non habet jurisdic- tionem nec castellaniam ; ymo simpliciter debet vocari hos- picium. quia nullam jurisdictionem habet, et quod unquam gavisus fuit ipse de Bonavalle de jure concessionis scolarum. predictarum quod jus pretendit et dicit se habere racione hospicii de Bonavalle seu aliter in debite ; et sic male et indebite et ad malam et injustam causam contra precepta et explecta quondam virtute ipsius mandati facta se opposuit, debetque propter hoc tanquam temerarius opponens in emendam reti- neri una cum expensa pertinente — concludendo adque pars ipsius de Bonavalle de contrario dixit etiam (?) quod propo- sita per eum sunt vera, confitendo tamen quod ipse Dominus de Lebreto, vicecomes Lemovicencis, est Dominius Castri et Castellanie de Securio et quod locus de Cossaco est in cas- tellania predicta, et quod habet jus concedendi scolas in tota jurisdictione, dento in dicto loco de Cossaco. — Et dictus procurator impetrans dixit ut supra, negando facta proposita per ipsum de Bonavalle. Tandem auditis partibus hinc inde, fuit lis contestata et juratum de calumpnia, libro sponte tacto, necnon etiam appunctuamentum per curiam, quod ipse partes ad longum stabant, facta, causas et rationes suas et scrip- tas (?) hinc inde tradant assisiis proximis, nec non etiam quod in prima productione utrinque producant testes. Datum in assisia de Securio, ibidem teneri incepta die secunda mensis julii anno Domini millesimo cccc LXXXJ.

De Bruna, subdelegatus grafferii.

II

Procès-verbal de nomination et d'installation de Léonard de Convaletes, maître des écoles de Limoges (1er *mai 1489*).

Die prima mensis maii, anno Domini m° CCCC° octuage- simo nono, personaliter constituti Stephanus de Beaunom, prepositus consulati (*sic*), Petrus Audier, Jacobus Rogerii, Matheus Benedicti, Aymericus Vignenaud, Johannes Tenlier, Nathalis Sibot, Johannes Romaneti, qui gratis, tam pro ipsis quam pro eorum consociis consulibus absentibus, cerciorati de probitate et industria ac sufficiencia venerabilis viri magistri Leonardi de Convaletas, dit Rigolene, in artibus magistri et in legibus baccalarii, eumdem tanquam sufficientem mandaverunt presentibus venerabili viro domino Cantori Ecclesie Lemovicensis, ad sibi conferendum et tradendum scolas hujusmodi Castri et Castellanie Lemovicensis et hoc de et pro anno incipienti in festo Beati Johannis Babtiste in unum annum. Et in quantum in ipsis at, casdem sibi contulerunt et dederunt; et supplicaverunt et per presentes supplicant dictum dominum cantorem quatinus casdem sibi conferre placeat et [dignetur. Et promisit idem magister facere residenciam durante dicto anno, et scolas tenere et liberos erudire pro posse et hinc sufficientes et expertos baccalarios et in nullis aliis negociis dictisque scolis prejudiciabilibus se immiscere. Et eumdem in possessionem, in quantum in ipsis est, induxerunt [et] per traditionem quarumdam matutinarum posuerunt. Juravit idem de Convaletas non venire contra et concesserunt literas sub sigillo eorumdem dominorum Consulum. Presentibus venerabili viro fratre Petro de Artigia, in sacra pagina Licentiato et Domino Johanne Foscherii, presbitero. P. LABORIE, n. (Registre du notaire du consulat, archives des Basses-Pyrénées).

III

Règlement pour les maîtres et les maîtresses d'école (1686).

I. Les maîtres et les maîtresses d'école qui seront employez dans le diocèse à l'instruction de la jeunesse, seront premièrement examinez touchant leur foy, leurs mœurs et leur capacité, ou par nous ou par celuy que nous aurons commis pour veiller sur leur conduite et celle de leurs disciples.

II. Ils ne s'ingéreront point à enseigner les enfans, sans avoir notre approbation par écrit, laquelle ils auront soin de faire renouveler quand elle sera expirée.

III. Ils ne recevront point dans leurs écoles de personnes de différent sexe, et ils prendront garde de ne jamais donner aucun mauvais exemple à leurs disciples. soit par leurs paroles ou par leurs actions, mais tacheront au contraire de les édifier par leur bonne conduite, et de gagner leurs cœurs par leur patience et leur charité.

IV. Ils commenceront toujours les exercices de leur classe par quelque prière, qu'ils feront d'ordinaire à genoux devant quelque image dévote, qui sera mise pour cet effet dans le lieu où l'on s'assemble, et on les finira de la même manière.

V. Ils mèneront tous les matins leurs disciples à la sainte messe, à l'issue ou au commencement de leurs classes, dans les lieux où ils pourront avoir cette commodité; et ils auront soin qu'ils assistent au service divin les jours de diman-ches et des fêtes, comme aussi aux instructions qui se font dans les paroisses ces mêmes jours, et qu'ils s'y comportent modestement. Ils les exhorteront à fréquenter les sacrements, particulièrement celuy de la Pénitence au moins une fois le mois, et même celui de l'Eucharistie, suivant leur âge, leur disposition et l'avis de leur confesseur, dequoy ils tâcheront de s'asseurer autant qu'il leur sera possible.

VI. Ils ne permettront point à leurs disciples la lecture d'aucun livre hérétique, ou qui soit suspect pour la doctrine, ou dangereux pour les mœurs, et ne se serviront jamais de ceux qui traitent des choses déshonnètes, sous quelque pré-texte que ce soit. Ils tâcheront même de tirer de la lecture et de l'explication des livres qui traitent des choses indifférentes des instructions salutaires pour porter leurs disciples à la vertu.

VII. Parmi les instructions qu'ils donneront à leurs disci-ples, outre les règles de la civilité et de l'honnêteté qu'il se-roit très utile de leur expliquer, ils prendront au moins une heure de temps toutes les semaines pour leur enseigner les principes de la foy et du christianisme de la manière qu'ils sont expliquez dans notre catéchisme, duquel ils auront soin de les faire pourvoir ; et ceux et celles qui montrent à lire se serviront de ce même catéchisme, de l'*Introduction à la vie dévote* ou de quelques autres livres spirituels, préférablement à tous les autres.

VIII. Ils ne s'attacheront pas seulement à corriger les fautes que leurs disciples commettent dans leurs classes; mais ils veilleront soigneusement sur la conduite qu'ils tiennet au de-hors, et châtieront ceux qui seront convaincus de commettre des irrévérences dans les églises, de se battre dans les rues, de proférer des paroles déshonnètes ou faire des actions in-décentes.

IX. Ils auront un soin particulier de bien instruire les en-fants des nouveaux convertis, des veritez de notre religion et des saintes pratiques de l'église catholique, apostolique et romaine.

X. Ils rendront un compte fidèle de tout ce qui se passe dans leur école à celui que nous aurons commis pour en avoir le soin ; ils l'informeront des mœurs, des talens et du nombre de leurs disciples, desquels ils leur bailleront le catalogue, et ils auront généralement recours à luy dans toutes les difficultez qui se présenteront dans l'exercice de leur charge, ou l'exécution de ces règlemens, et suivront en tout son avis.

Ordonnances Synodales du diocèse de Limoges. — Limoges, Pierre Barbou, 1703, p. 220.

www.ingramcontent.com/pod-product-compliance
Lightning Source LLC
LaVergne TN
LVHW022034080426
835513LV00009B/1035